Russel Subayi Mbaya

3 skuteczne kroki do odbudowy twojego życia

Russel Subayi Mbaya

3 skuteczne kroki do odbudowy twojego życia

Pokój z własną przeszłością, Uaktualnić jego stan umysłu, Karmienie apetytem

Wydawnictwo Bezkresy Wiedzy

Imprint

Cover image: www.ingimage.com

Publisher:
Wydawnictwo Bezkresy Wiedzy
is a trademark of
International Book Market Service Ltd., member of OmniScriptum Publishing Group
17 Meldrum Street, Beau Bassin 71504, Mauritius

Printed at: see last page
ISBN: 978-620-0-81558-3

3 skuteczne kroki do odbudowy twojego życia

Ta książka mówi o trzech ważnych zasadach, które mogą pomóc człowiekowi odbudować swoje życie w ramach rozwoju osobistego.

Niezależnie od tego, czy znaleźliśmy się w sytuacji, w której doświadczyliśmy śmierci bliskiej osoby, rozwodu, zerwania związku miłosnego, utraty pracy, czy rozpoczęcia nowego życia w kraju przyjmującym, musimy się odbudować i iść naprzód.

Aby odbudować swoje życie z jakiegokolwiek powodu, należy koniecznie pogodzić się **z przeszłością, zaktualizować swój stan umysłu, a wreszcie nakarmić się apetytem.**

Sam autor, w pewnym momencie swojego życia, znalazł się w sytuacji, w której musiał odbudować swoje życie od góry do dołu. Tutaj zdradza sekrety zasad, które pomogły mu w tej podróży i posunięciu się naprzód.

Odkryj na nowo cuda, które dzieją się dzięki sile pozytywnego myślenia, zarządzaniu czasem i znaczeniu niezależności we wszystkich aspektach życia osobistego.

Podziękowania

Moje podziękowania kieruję prosto do wszystkich tych, którzy zawsze we mnie wierzyli i dali mi pewność, że będę im towarzyszył w różnych działaniach w ich życiu.

Mojej żonie, **Pameli Konzi Epeke**, za wsparcie, którego zawsze mi udzielała, gdy go potrzebowałam. Momenty ciszy, które narzuca jako karę, kiedy decyduje się na manifestację swoich kaprysów, pozwoliły mi poświęcić się pisaniu tej książki.

Mogę sobie wyobrazić uśmiech, radość, która będzie się pojawiać na twarzach moich rodziców, kiedy zaczną czytać tę książkę.

Dla wszystkich moich dzieci Subayi, ta książka będzie służyć jako substytut twojego ojca za każdym razem, gdy moja nieobecność zostanie ci narzucona.

Nie mogę pozostać obojętny na ludzi, którzy pojawili się w moim życiu jako aniołowie, gdy przechodziłem przez trudny okres jako uchodźca w Anglii,

Jeff i Allison Anderson, jesteście dla mnie jak oaza na pustyni. Zostawiłeś nieusuwalny ślad na mojej rodzinie przez swoje poparcie, które mogą przynieść tylko aniołowie Boga.

Colin i Kelcey Hill, zawsze będziecie dla nas rodziną.

Frank i Esther Nseka, bez was moja rodzina byłaby zalewem. Jestem twoim wiecznym dłużnikiem.

Laland i Berny Mayall, a także **cała parafia Oldham**, zrobiliście wszystko, co w waszej mocy, aby nie czuć się opuszczonymi w Anglii, słowa zawodzą mnie, aby wam podziękować.

Tam, gdzie złapie cię ból, tam znajdziesz swoją rodzinę. Rodzina **Ngoma** w Londynie, **rodzina Tshulembo** w Australii, **Lysette Kambu**, wielka rodzina **Międzynarodowego Czerwonego Krzyża w** Manchesterze, a także moi koledzy z **RAS VOICE Refugee Actions**, dziękuję za to, że daliście mi możliwość uśmiechnięcia się, gdy próbowałam odbudować swoje życie.

Szczególne podziękowania dla **pana Willy'ego Nonge**, za poświęcenie czasu na przeczytanie pierwszej części książki i dokonanie kilku poprawek.

Nigdy nie zapominaj, że natura nie znosi pustki.

STRESZCZENIE

POKÓJ Z JEGO PRZEPUSTKĄ 11

AKTUALIZACJA JEGO STANU UMYSŁU 61

KARMIENIE JEGO APETYTÓW 117

NA RAZIE.

Kiedy znajdziesz się sam, po śmierci, rozwodzie, związku, który nie poszedł dobrze, lub utraty pracy. Kiedy poczujesz w sobie pragnienie odbudowania siebie, poświęć czas na przeczytanie tej książki, będzie ona twoim przyjacielem.

Ta książka poda ci ścieżki, którymi musisz podążać, aby się głęboko odbudować. Pomoże ci to nie patrzeć za siebie, ale mieć nadzieję na to, co najlepsze.

W tej małej książce rozwoju osobistego autor zestawia i przywołuje niektóre z nauk wielkich współczesnych autorów, które pozwalają człowiekowi na odbudowę samego siebie.

Żeby przestać się obwiniać cały czas!

Nie zrzucać winy na innych ludzi!

Jeśli byłeś w stanie kochać innym razem, możesz to zrobić ponownie. Jeśli w przeszłości byłeś w stanie pracować i dobrze sobie radzić w swojej karierze zawodowej, możesz zrobić to ponownie.

Moc jest w tobie! Umiejętności, zasoby, których potrzebujesz, są zakopane głęboko w tobie. Czas na odbudowę, na odrodzenie się.

"3 skuteczne kroki w odbudowie twojego życia" towarzyszą ci, abyś mógł pogodzić się z przeszłością, przejrzeć niektóre z twoich przekonań, które prawdopodobnie nie pomogły w przeszłości, a także określić, jakie apetyty musisz w sobie żywić, aby poczuć się kompletnym mężczyzną.

W jednym z rozdziałów książki będziesz mógł odkryć osobowość, która jest w tobie zakopana, typ osoby, którą jesteś, jak również ludzi wokół ciebie. Odkrycie to może pomóc w kontynuowaniu kariery zawodowej, ale również te same zasady mogą być stosowane w życiu rodzinnym.

Jeśli straciłeś pracę z powodu zachowania swojego szefa lub kolegów z pracy, nadszedł czas, aby się odbudować. Przestań się obwiniać i zrzuć winę na innych.

"3 skuteczne kroki do odbudowy twojego życia" dają ci wskazówki, które pomogą ci określić rodzaj szefa, który prowadzi twoją firmę, jak możesz poradzić sobie z negatywnym nastawieniem twojego szefa i twoich kolegów.

Dużo pracowałem z młodymi ludźmi w moim zawodzie, a także w służbie religijnej. Jeśli nadal jesteś w tej kategorii młodzieży, ta książka pozwoli Ci odnaleźć swoją osobistą legendę, swoje przeznaczenie i swoją misję.

Ta książka stanowi wyzwanie dla młodych ludzi do głębokiej introspekcji. Każdy młody człowiek zrozumie, że musi jak najszybciej podjąć decyzję, czy chce po prostu być **"dodatkiem do społeczeństwa", czy też chce być "wkładem do ludzkości"**.

Wreszcie, **"3 skuteczne kroki do odbudowy twojego życia"** daje ci wskazówki, które pomogą ci nakarmić twoje apetyty: **fizyczne, duchowe, emocjonalne i intelektualne.**

W DR Konga, gdzie się urodziłem, jeszcze jako dwudziestolatek, bardzo wcześnie zostałem wystawiony na rolę biskupa jednej z parafii, ówczesnego przewodniczącego archidiecezji liczącej ponad trzy tysiące rodzin.

Ta posługa kapłańska pozwoliła mi towarzyszyć rodzinom, małżeństwom, młodym chłopcom i dziewczętom, samotnym mężczyznom i kobietom, rozwiązywać ich codzienne problemy, stawiać czoła ich trudnościom i organizować wszystkie aspekty ich życia.

Przez ponad pięć lat udało mi się trenować i zmienić życie dziesiątków tysięcy rodzin, organizując grupy samopomocy w kilku krajach Afryki Środkowej poprzez programy humanitarne, samopomocy i zatrudnienia, które koncentrowały się na tym, jak stworzyć biznesplan, poprawić życie rodzinne i rozwiązać problemy w społeczności.

Później pracowałem jako wolontariusz w Brytyjskim Czerwonym Krzyżu jako doradca ds. uchodźców i osoba ubiegająca się o azyl, gdzie skutecznie pomagałem kilku uchodźcom w doradztwie, poradnictwie i technikach, aby pomóc im osiedlić się i lepiej odbudować swoje życie w kraju przyjmującym.

W pewnym momencie mojego życia znalazłam się w Anglii jako osoba ubiegająca się o azyl. W tych chwilach samotności, czasu spędzonego samotnie, z dala od żony, dzieci, przyjaciół, postanowiłem podjąć się projektu napisania tej książki, aby podzielić się swoim doświadczeniem, jak udało mi się odbudować swoje własne życie.

"3 skuteczne kroki do odbudowy życia" to synteza technik zaczerpniętych z moich własnych doświadczeń, z konferencji, z pism innych autorów na temat rozwoju osobistego.

Wprowadzenie

Poprzez tę książkę nie udaję, że przedstawiam nowe teorie na temat rozwoju osobistego, ani że poruszam nowe tematy, które mogłyby zrewolucjonizować świat.

Ta książka jest raczej kompilacją, podsumowaniem ważnych zasad dotyczących rozwoju osobistego.

Wydaje się, że świat staje się coraz bardziej miejscem, gdzie jest coraz więcej rozpaczy, coraz więcej problemów, coraz więcej wyzwań. Coraz bardziej, ponieważ człowiek nie miał od urodzenia dostępu do instrukcji, jak korzystać z rzeczywistych funkcji swojego mózgu, jak jego myśli, osobowość i zachowanie są tworzone, jest on pozostawiony sam sobie, aby stawić czoła rzeczywistości życia.

Moglibyśmy jednak skorzystać z rad naszych rodziców, kochających przyjaciół, systemów edukacyjnych, a czasem z pomocy niektórych specjalistów behawioralnych, takich jak psychologowie, trenerzy, pastorzy, filozofowie, itp.

W Anglii, gdzie jestem teraz, wykazano, że liczba samobójstw jest bardzo wysoka, bardziej niż jakakolwiek inna przyczyna śmierci.

Stres, depresja, samotność sprawiają, że ludzie się zabijają. Niektórym wydaje się więc, że odebranie życia jest najłatwiejszym sposobem na rozwiązanie życiowych problemów.

Jeśli rozważasz zaliczenie się do tych, którzy się zabijają, zadaj sobie najpierw te pytania:

Chcesz być liczony jako quitter? Kto chce być dodany do listy przegranych? Czy chcesz być zapamiętany jako ktoś, kto nie miał wystarczająco dużo siły, aby wytrzymać presję świata?

Węgierska intelektualistka filozofka, **Agnes Heller (1929-2019)** powiedziała :

Nasz wiek potrzebuje bardziej niż inni formy bohaterstwa, która daje każdemu zadanie uchwycenia tego, o co chodzi w teraźniejszości. Zadanie polega na udostępnieniu się do tego, co się z nami dzieje."

Życie w tych współczesnych czasach wymaga **heroizmu i chęci zmierzenia się z tym, co się z nami dzieje, znalezienia rozwiązań naszych problemów i nie odpuszczenia.**

Pośród tych wielu współczesnych trudności i problemów życiowych, jesteśmy błogosławieni, że możemy odziedziczyć pisma wielkich myślicieli, przykłady odwagi ludzi, którzy przeżyli i przezwyciężyli strach, terror, problemy życiowe, zarówno osobiste, jak i zbiorowe.

Od kilku wieków istnienia ludzkości mamy wielkie dziedzictwo ludzi odważnych i odważnych, którzy potrafili stawić czoła swoim lękom i znaleźć rozwiązania dla problemów, które przed nimi powstały.

Pisząc te kilka słów, myślę głównie o moich dzieciach i o świecie, który z nich opuszczamy.

Czuję, że bez względu na to, ile lat spędzę na ziemi, prawdopodobnie nie będę miał wystarczająco dużo okazji, by powiedzieć im wszystko, czego się dowiedziałem o życiu. Wielorakie czynności życiowe nadal nie pozwalają mi na przekazanie każdemu z nich wszystkich moich indywidualnych doświadczeń, tak aby był moralnie uzbrojony, zaszczepiony przeciwko trudnościom, które napotkają w swojej podróży.

Przynajmniej dzięki tym pismom mogą oni pamiętać o zasadach wytrwałości, które powinny charakteryzować ich życie. Znajdą oni źródło odwagi, dynamizmu, pozytywnych myśli, aby odbudować swoje życie po błędach, które mogą popełnić w swoim życiu.

Świat potrzebuje coraz bardziej odważnych mężczyzn do rozwiązywania życiowych wyzwań. Rodziny potrzebują ojców i matek, które nie kurczą się od wyzwań. Narody potrzebują polityków, którzy pozostaną bezkompromisowi, lojalni wobec swoich ideologii i którzy mogą dać nadzieję cierpiącym ludziom. Kraje świata potrzebują mężów stanu, którzy składają obietnice i wypełniają je.

W tej książce, jak mówię powyżej, miałem po prostu pragnienie, aby wbijać się w zasady, które budują człowieka i jego umysł.

Ta książka wyraża z całą prostotą teorie, które moim zdaniem są ważne dla każdego człowieka, aby wreszcie zabrać wiedzę, aby wykuć jego charakter, wpłynąć na jego otoczenie, wezwać do lepszych warunków na jego korzyść.

Świat literacki został pobłogosławiony, aby poznać wielkich myślicieli, pisarzy jak **Vincent Norman Peal**, który zmienił życie tysięcy ludzi z jego teorii na pozytywne myślenie.

Ludzkości udało się poprawić zarządzanie czasem i wydajność w pracy dzięki zasadzie określonej w teorii 80/20, za którą opowiada się włoski **Vilfredo Pareto**.

A ostatnio we współczesnym życiu ta sama teoria została dodatkowo poparta przez słynnego myśliciela, biznesmena, człowieka wolnego ducha, Amerykanina **Timothy'ego Ferrisa**, który w swojej książce The **4-Hour Work Week** podkreśla stworzenie nowej klasy mężczyzn zwanych "New Blessed (NB)", mężczyzn, którzy nie zabijają się długimi godzinami pracy. Tim Ferris zachęca mężczyzn i kobiety, aby nie rezerwowali całego szczęścia na koniec życia, kiedy przejdą na emeryturę, co może się nie zdarzyć, ale raczej zachęca ich do życia w chwili, do przejścia na mini emeryturę i cieszenia się życiem podczas pracy.

Stephen R. Covey opisał **"The 7 Habits of Successful People"**, klejnot zasad, prawdy, który naprawdę przekształca myślenie człowieka w sukces. Będziemy **konstruktywni tylko wtedy, gdy zaczniemy z myślą o konkluzjach. Wiedz od początku, gdzie chcesz** jechać," powiedział **Steven R. Covey**.

Z drugiej strony, w obliczu przeszkód, bitew, gróźb i wojen, które oferuje życie, które narody czynią między sobą, ważne jest, aby każdy człowiek żyjący na ziemi miał możliwość przeczytać i zinternalizować idee generała chińskiej armii **Sun Tzu przedstawione** w jego ksiązce **"The Art of War"**, niezrównanej klasyki.

Kiedy jesteśmy zdezorientowani, że nie wiemy, jak określić, czym jest życie. Dla tych, którzy nie potrafią zdefiniować swojego życia, mogą nadać mu sens, czytając "**grę w życie**", automat komórkowy wyobrażony przez **Johna Hortona Conwaya**. W rzeczywistości odkryją, że życie jest grą, a nie walką.

Bardzo późno w moim życiu spotkałem się z tym, co uważam za wielkiego uczonego afrykańskiego XX wieku, **profesora CHEIKHA ANTA DIOPA**. Jego pisma o Murzynach **i kulturach, cywilizacji czy barbarzyństwie i innych**, otworzyły mi oczy na ponowne przemyślenie całej mojej tożsamości, historii ludzkości, mojej duchowości i mojej przyszłości jako Afrykańczyka.

Profesor **CHEICK ANTA DIOP** pomógł mi uświadomić sobie głęboką alienację, z powodu której cierpi większość afrykańskich intelektualistów.

Profesor **Cheick Anta Diop** przeredagował historię cywilizacji na świecie. Każdy, kto jest pasjonatem dobrej wiary i obiektywizmu intelektualnego, powinien złożyć hołd temu uczonemu, który wykonał wielką pracę naukową nad historią ludzkości i jej cywilizacji.

Wymieńmy tylko kilku, ale jest wielu innych autorów, którzy zainspirowali mnie i zmienili moje zdanie.

Są to ogólne książki, którymi chciałbym zostać pochowany, aby zająć się moją podróżą do życia pozagrobowego.

Dla świadomego czytelnika, który przeszedł przez kilka książek o rozwoju osobistym, można by się po prostu zastanawiać, czy warto pisać jeszcze raz, bo prawie wszystko zostało już powiedziane.

To właśnie w tej perspektywie ta nowa książka "**Trzy skuteczne kroki do odbudowy życia**" przypomina ludzkości, że wiele zostało powiedziane i napisane, by uczynić nas szczęśliwymi, by odnieść sukces w życiu, by być również w harmonii z samym sobą i swoim otoczeniem.

Ta książka przychodzi po raz kolejny, wbijając się w pozytywne myślenie.

"**3 skuteczne kroki do odbudowy twojego życia**" same w sobie mogą zabrać cię w podróż odkrywania prawdziwych zasad szczęścia, które pobudzą twoje życie na zawsze.

Ten coraz bardziej zróżnicowany świat stwarza więcej możliwości, ale też i wyzwań. Bardziej niż kiedykolwiek konieczne jest spanie w swojej podświadomości, że postawa jest ważniejsza niż wysokość. Najpierw chodzi o umysł.

POGODZIĆ SIĘ ZE SWOJĄ PRZESZŁOŚCIĄ

Rozdział 1. Pogodzenie się z przeszłością.

Bóg troszczy się bardziej o osobę, którą jesteśmy i którą się staniemy, niż o osobę, którą byliśmy. On chce, żebyśmy próbowali dalej.

Dale R. Renlund.

Zwróć się do siebie.

Zawsze łatwo jest spojrzeć na innych, zobaczyć, co robią, albo krytykować, albo zachęcać. Ale coraz mniej czasu spędzamy patrząc na siebie.

Ten zarzut jest zawarty nawet w Biblii, ponieważ ci, którzy go czytali, ***Jezus z Nazaretu zadał to pytanie:***

"Dlaczego widzisz słomkę w oku swojego brata, a nie widzisz belki w oku? Mateusz 7:3

Jeśli przyjrzysz się uważnie, zobaczysz, że ten człowiek bardzo często unika spędzania czasu z samym sobą. Unika krytykowania siebie.

Poświęcamy dużo energii, aby utrzymać się w ruchu, aby uciec przed spojrzeniem własnego człowieka.

Staramy się być uczciwi wobec innych, ale mniej staramy się być uczciwi wobec siebie.

Abyśmy mogli pogodzić się z naszą przeszłością, musimy być w stanie poświęcić czas, obserwować siebie, rozmawiać ze sobą, usiąść ze sobą, aby pozbyć się tego, czego już nie potrzebujemy.

Wystarczy jeszcze dobrze obserwować, odkryjemy, że wszyscy się spieszymy i zawsze chętnie spotykamy się z innymi, ale bardzo często mamy trudności ze spotkaniem z samym sobą. Uciekamy od introspekcji. Uciekamy od medytacji. Uciekamy z naszej świadomości. Sprytnym udaje się nawet wchłonąć takie substancje jak narkotyki, alkohol i inne tylko po to, by uciec od spotkania z samym sobą, ze swoją świadomością.

Zaproszenie w tym rozdziale jest po to, aby zwrócić się do siebie. Jest to pierwszy krok w kierunku wewnętrznego spokoju.

Spójrzcie na siebie, spójrzcie na to, kim jesteśmy najlepsi, kim możemy być. Spojrzeć na siebie i zobaczyć złożoną istotę, którą jesteśmy, zarówno świętą jak i cielesną, zmieszaną z doskonałością i niedoskonałością, pragnie wznieść się i czasami zagrożoną przez uczucia, które sprowadzają nas z powrotem na dół.

W życiu każdego człowieka znajdzie się moment, w którym nie będziemy w stanie się cofnąć, albo możemy zdać sobie sprawę, że wyrządzonej krzywdy nie da się cofnąć.

Moment, w którym czujemy, że złamaliśmy, poprzez nasze wcześniejsze działania, ważną relację w naszym życiu. Niektóre wspomnienia o miłości zamieniają się w gorzkość.

Nawet w szafce z naszymi wspomnieniami żałujemy błędu, błędu, który kosztował nas pracę, który sprawił, że życie naszych dzieci było niepewne.

Ponadto, patrząc w lusterko wsteczne przeszłości, możemy zdać sobie sprawę, że gdybyśmy tylko postąpili inaczej, sytuacja mogłaby zostać uratowana lub nawet nie doszła do tego punktu.

W naszej przeszłości zabieraliśmy ze sobą ludzi, których chcielibyśmy nigdy nie spotkać, miejsca, w których chcielibyśmy nigdy nie pójść nawet w najśmielszych snach.

Człowiek w swoim cyklu życia ma za sobą swoją przeszłość, która nie zaniknie, swoją teraźniejszość, którą musi przeżyć, i swoją przyszłość, na którą musi mieć nadzieję.

Ze wszystkiego, co mogliśmy powiedzieć o naszej przeszłości, gdy tylko poświęcimy czas na uszanowanie spotkania ze sobą, przekonamy się, że wszystkie te wydarzenia były dla naszego własnego dobra. W każdym wydarzeniu z przeszłości, dobrym czy złym, każdej napotkanej osobie, dobrej czy złej, zawsze jest lekcja, której należy się nauczyć.

Nasza teraźniejszość, nasza przyszłość, zależy od tego, jak zdecydujemy się radzić sobie z naszą przeszłością.

Nasze życie się zmienia, opierając się na lekcjach z przeszłości. Przeszłość ze swoimi łzami, radościami, wyrzutami sumienia, pociechami buduje naszą teraźniejszość i silnie wpływa na naszą przyszłość.

Oto człowiek, który naprawdę musiał pogodzić się ze swoją przeszłością.

Spotkałem siostrzenicę, która miała 17 lat. Nie miałem okazji zobaczyć, jak dorasta. Tak się złożyło, że gdy tylko nawiązaliśmy kontakt i poznaliśmy się, wkrótce spędziliśmy razem dużo czasu rozmawiając ze sobą, aby nadrobić czas stracony między bratanicą a wujkiem.

Jak większość młodych ludzi w jej wieku, sumienie dziewczyny zostało oskarżone o pierwsze nieudane doświadczenia miłosne, które zdawały się charakteryzować pewnym nadużyciem. Czuła się nie na miejscu, straciła poczucie własnej wartości i stopniowo się wycofywała. Preferuje spędzać czas w swoim pokoju, pisząc lub śpiąc. Ładna buzia, ale straciła uśmiech, ponieważ była całkowicie uwięziona w swojej przeszłości, która zjadała ją.

To jest to, co mi powiedziała, w kilku słowach:

"Wujku, czuję, że nie mam już żadnej wartości jako kobieta. Chociaż nie dorastaliśmy w tym samym kontekście z moją matką, dla niej cnotliwa kobieta to taka, która zachowała dziewictwo aż do małżeństwa. Kilka razy próbowałem rozmawiać na ten temat z moją matką, ale wydaje się ona nie być otwarta.

Nie obchodzi mnie moje utracone dziewictwo, ale raczej nadużycia, których doświadczyłam z rąk tego mężczyzny, którego poddałam w pierwszej miłości, kiedy nie był uczciwy.

Zrobił ze mnie głupca, traktował mnie jak brudasa. I, on był tylko zwykłym specem. Czuję się brudny, bez szacunku i godności.

Chciałem wrócić do mojego życia kilka lat wcześniej, aby poprawić swoje błędy, ale niestety.

Jestem cały czas zamknięty w swoim pokoju. Wolę albo pisać w moim dzienniku, albo słuchać mojej muzyki, niż oddać się komuś. Komukolwiek mogę dostarczyć mój sekret, będzie mnie słuchał z osądem o mnie. Zamiast tego, muszę porozmawiać z kimś, kto po prostu mnie słucha, nie osądzając.

Ta dziewczyna była dręczona od wewnątrz. Martwiła się o rzeczy, które nigdy nie mogą wrócić.

Bardziej niż ktokolwiek inny, musiała spotkać się ze sobą. Musiała ocenić swoje rany, swoje łzy, swoje nadzieje. Poświęcić sobie czas, by nabrać sił na odbudowę.

Nie mogła dalej uciekać.

Richard L. Evans dokonał tego spostrzeżenia:

"Czasami i pod pewnymi warunkami można uciec od wielu rzeczy, takich jak mury więzienia, fałszywych przyjaciół, złego towarzystwa, nudnych ludzi, starych środowisk, ale nigdy od nas samych". Kiedy kładziemy się spać w nocy, jesteśmy tam, czy nam się to podoba, czy nie. Najbardziej wytrwałą rzeczą w życiu (i bez wątpienia w śmierci też) jest nasza własna samoświadomość. Nie ma jednak bardziej żałosnego człowieka niż ten, który czuje się niekomfortowo we własnym towarzystwie, bez względu na to, gdzie biegnie, jak szybko biegnie i jak daleko". (Richards L. Evans, Book of Quotes from Richards L. Evans, Salt Lake city, Publisher Press, 1971, strona 214).

Spotkanie z nami samymi, z naszą własną osobą prowadzi nas do innych kroków, by pogodzić się z naszą przeszłością.

Ważne jest, aby każda osoba nauczyła się niezbędnych narzędzi, które popychają nas do poznania tego, co w nas ucieka, co dzieje się w nas samych, zanim pójdzie na przekór temu wobec innych.

Trzeba od czasu do czasu zadbać o jego ***higienę sumienia, oczyścić*** *jego tyłek, pogodzić się z samym sobą.*

Nie możemy codziennie zamiatać naszego pokoju, naszego domu, zewnętrznej strony działki, naszego miasta, naszego rynku, kiedy wewnątrz siebie grzebiemy brud, kiedy wewnątrz siebie nie potrafimy zamiatać.

"Spacyfikowany obywatel, budzi się jako spacyfikowany obywatel", *mówi* ***Thomas d'Ansembourg.***

Tylko wtedy, gdy uspokoiliście się, tylko wtedy, gdy znaleźliście spokój w swojej świadomości, w swoim umyśle, możecie wstać i iść i budować pokój w swojej rodzinie, w swoim otoczeniu, w swoim otoczeniu.

Nie możemy mieć nadziei na przyczynienie się do pokoju innych, gdy nie jesteśmy w pokoju ze sobą.

Mężczyźni, którzy mają silną zdolność przebaczania innym, zaczęli najpierw od przebaczenia sobie i znalezienia wewnętrznego spokoju w sobie. Wtedy mieli już dość prawie nadprzyrodzonych mocy przewyższania siebie, by wybaczać innym.

Przykład **Nelsona Mandeli i Gandhiego** pokazuje, że są to ludzie, którzy spędzili wystarczająco dużo czasu ze swoją osobą, swoim własnym wewnętrznym ja, zanim wyszli z więzienia i wybaczyli swoim byłym oprawcom.

Nie możemy pogodzić się z samym sobą, nie biorąc pod uwagę tych elementów: **akceptacji, kontroli naszych emocji nad przeszłością, wreszcie pogodzenia się z samym sobą.**

Zasada Akceptacji.

Nie możemy zrobić kroku naprzód bez zaakceptowania siebie nawzajem.

Pierwszą rzeczą do zaakceptowania jest to, że nie możemy kontrolować wszystkiego.

Spędzamy dużo czasu i energii na kontrolowaniu siebie, przywracaniu porządku i dążeniu do przestrzegania ustalonych zasad. Czasami robimy to dobrze, ale wtedy uświadamiamy sobie, że wciąż wracamy tam, skąd przyszliśmy.

"To, czego się **boję, to co się ze mną dzieje"**, wykrzyknął Job.

Z drugiej strony tej rzeczywistości, musimy uznać, że nie możemy kontrolować działań innych.

Akceptacja oznacza uznanie swojej przeszłości, zaakceptowanie jej, świadomość, że bez względu na to, ile energii zostanie zużytej na skorygowanie lub przywrócenie naszej przeszłości, nigdy do tego nie dojdzie.

Tak jak rzeka wody nie płynie z powrotem do swojego źródła, tak nasza przeszłość pozostanie niezmieniona.

Czy zaakceptowanie twojej przeszłości oznacza zgodzenie się z twoją przeszłością? Czy zaakceptowanie swojej przeszłości jest tym samym, co jej kochanie? Czy też zaakceptowanie swojej przeszłości jest równoznaczne z ciągłym torturowaniem się, wiecznym mieszaniem się z raną, poczuciem winy?

Odpowiedź na te pytania brzmi "N Y N".

Zaakceptowanie swojej przeszłości jest tylko uświadomieniem sobie, że to się stało. Że to się stało i nic nie możemy zrobić, by przywrócić go tam, gdzie się zaczął, ani nawet zmienić.

Jan Paweł Sarte** powiedział: **"Wszyscy żyjemy, ale niektórzy są martwi, jest to żywa śmierć, aby być otoczonym przez wieczne zmartwienia sądów i działań, które nie mogą być zmienione.

Będziemy bardzo rozczarowani, jeśli będziemy nieustannie starać się unikać naszej przeszłości, nieustannie się usprawiedliwiać, byłoby to wielkim marnotrawstwem energii.

Są przeszłość, która zawsze będzie nas bolała, niezależnie od tego, jak bardzo staramy się iść naprzód. Albo nas zraniono, albo nas zraniono. Być może przegapiliśmy okazję, którą uważaliśmy za wyjątkową, a która zmieniłaby bieg naszego życia. Możemy bez przerwy wylęgać się nad tymi wspomnieniami dzień i noc, ale czy to jest rozwiązanie?

Człowiek ma moc, która jest wolną wolą. Możemy swobodnie zmieniać nasze negatywne emocje, nasze obawy spowodowane własnymi działaniami lub działaniami innych. Możemy uwolnić się od piekła, od wstydu, który może być spowodowany wyglądem lub osądem innych.

Tak jak możemy zmienić nasze nastawienie, wyjść z piekła zmartwień i wstydu, tak jak gdybyśmy tam pozostali, tak samo swobodnie godzimy się na życie w piekle.

Czy będziesz chciał spędzić całe swoje życie żałując i obwiniając się za tego typu sytuacje rok po roku?

Znam młodą arabkę, która zawsze martwiła się o to, że przed ślubem została rozbita, i nie jest pewna, jak zareagują jej rodzice po nocy poślubnej, kiedy wyjdzie za mąż.

Inny ksiądz, przywódca kościoła, od dawna ukrywa się przed opinią publiczną. Wybrał życie z dziewczyną ze swojego chóru, w której się zakochał i wolał porzucić kapłaństwo. Nie chciał wychodzić na zewnątrz z obawy przed hańbą swoich członków kościoła.

Pamiętam też innego młodego Kameruńczyka, który należał do mojej grupy samorządowej w pewnej wiosce w Kamerunie. Rodzina tego młodego człowieka popadła w ogromną niepewność, ale codziennie ten młody człowiek opowiadał nam swoje wspomnienia o Europie i dobrym życiu, jakie miał, gdy jego ojciec był ambasadorem w poprzednich latach. Ten młody człowiek nigdy nie przestał wyobrażać sobie i mieć nadzieję, że ten czas będzie mógł wrócić.

Ci ludzie są w jakiś sposób zamknięci w piekle przeszłości.

Nie mówię, że przeszłość jest nieważna lub nie ma miejsca w naszym życiu.

Ale miejsce przeszłości jest w tym, co mówi **Richard L. Evans**. Podkreślał znaczenie przeszłości w życiu każdego człowieka. W przemówieniu wygłoszonym na konferencji w 1973 roku, skierowanym do tysięcy osób, powiedział, co następuje:

"Przeszłość ma swoje miejsce, i jest cenna dla wyciągniętych wniosków. Teraźniejszość również ma swoje miejsce, a to, czego nie możemy zmienić, nie powinno nas niepotrzebnie powstrzymywać przed patrzeniem i posuwaniem się naprzód. Nic, co straciliśmy lub zostawiliśmy, nie powinno powstrzymać nas od stania się tym, czym możemy się stać, od uczenia się tego, czego możemy się teraz nauczyć.

Codziennie pojawiają się nowe decyzje, każda godzina i powody do poprawy i pokuty. Gdziekolwiek jesteśmy, gdziekolwiek jesteśmy, każdego dnia mamy okazję wyznaczyć kierunek

Bez względu na przeszłość, jej znaczenie, jej długość, straty, wyciągnięte wnioski lub pozostawione bez wiedzy, kontynuujemy tam, gdzie jesteśmy, gdzie możemy się stać, z pracą, pokutą, poprawą i wiarą w przyszłość".

Jedyną rzeczą, którą możemy zmienić w odniesieniu do naszej przeszłości, jest postrzeganie, stosunek, jaki mamy do tych przeszłych wydarzeń. *Możemy zmienić nasze myśli i emocje dotyczące naszej przeszłości.*

Możemy oderwać się od naszych emocji dotyczących naszej przeszłości.

Przeszłość niesie ze sobą emocje.

Emocje są pogrzebane w człowieku. Wahają się z dnia na dzień.

Człowiek jest zestawem składu chemicznego. Są rzeczy, które w nas bąbelkują, czasami zachowują spokój, a potem wychodzą w nastroju.

W przypadku wydarzenia, które wydarzyło się w naszej przeszłości, dzień po dniu, możemy odczuwać w nas silne emocje, albo radość, smutek, złość, albo umysł, który płacze, albo nawet nasze serce, które palpituje bardzo mocno.

Należy zauważyć, że nie ma nic nienormalnego w uczuciu depresji, zniechęcenia, smutku lub negatywnych uczuć przez jakiś czas w wyniku pewnych zdarzeń z przeszłości.

Te uczucia zdarzają się wszystkim. Nie musisz czuć się winny, jeśli obudzisz się pewnego ranka i nie poczujesz się dobrze.

Wszyscy wielcy ludzie, których znamy, byli przygnębieni tą czy inną rzeczą w swoim życiu.

Dla chrześcijan, nie ma większego człowieka niż **Jezus Chrystus.** Chrześcijanie wierzą w boskość Jezusa Chrystusa. Wierzą, że miał on nadprzyrodzoną moc, która nie była z tego świata. Ale musimy jeszcze zdać sobie sprawę, że mimo to, sam w pewnym momencie swojego życia był przygnębiony.

Mateusz w Ewangeliach donosi, że Jezus Chrystus powiedział to do swoich uczniów:

Moja dusza jest smutna nawet do śmierci; trwać tutaj, oglądać ze mną'' Mateusza 26:38

Chrześcijański autor, **Paul Calzada, wygłosił** na ten temat doskonałą opinię, mówiąc :

Ten tekst Pisma Świętego uspokaja nas o możliwości przeżycia przez każdego z nas chwil głębokiego smutku. Jezus doświadczył smutku tak silnego, że w tym momencie uznał śmierć za wyjście. Pokusa śmierci bez krzyża dotknęła na chwilę jego umysł.

Ten smutek nie jest brakiem wiary, ani nawet grzechem.

Być może przeżyliście, lub znacie, takie chwile głębokiego smutku, pozwalając sobie wierzyć, że śmierć byłaby wyjściem! Nie obwiniaj się za to, że tak się czujesz. Tak jak Chrystus doświadczył tego czasu, tak samo normalne jest, że wy również możecie przejść przez takie chwile. Odważcie się na niego patrzeć. Uznaj, że ten smutek nie jest brakiem wiary, ani nawet grzechem.

Niestety, dla wielu wierzących smutek i depresja nie odpowiadają obrazowi chodzenia w wierze. Wierzą, że chrześcijanin powinien być zawsze radosny, że powinien być szczęśliwy:

Pozostanie pozytywnym i silnym w obliczu przeciwności losu

Zawsze rób z radością wszystko, co trzeba zrobić.

Zawsze bądź promienny

Zachowajcie spokój w każdych okolicznościach

Słusznie uważa się, że chrześcijanin może mieć atak serca w wyniku przepracowania, stresu, zmęczenia... ale niezależnie od tego, czy jest smutny i przygnębiony, uważa się to za nienormalne! Cóż, nie jest! Możesz doświadczyć, po przepracowaniu, stresie, zmęczeniu, odrzuceniu... głębokiego smutku.

Przyznanie się do tego, że smutek może do ciebie dotrzeć jest już krokiem w kierunku możliwości wyjścia z niego. Bycie w zaprzeczeniu nigdy nie pomoże ci wyjść ze smutku. Zaprzeczenie powoduje jeszcze większą udrękę, zwłaszcza jeśli towarzyszy mu poczucie winy generowane przez tych, którzy mówią ci, że smutek nie jest czymś normalnym.

Zauważ, że Jezus nie tylko nie zaprzecza swojemu smutkowi, ale dzieli się nim z trzema najbliższymi uczniami. (Mateusz 26:38)

Nie zaprzeczaj swojemu smutkowi, pokaż go ludziom, którym ufasz, gotowym słuchać cię i towarzyszyć ci w modlitwie.

Cóż, te kilka linijek **Paula Calzady** odnosi się do wszystkich, chrześcijan, muzułmanów, ateistów, buddystów czy niewierzących, wszyscy możemy odczuwać chwile wielkiego smutku. Nie jest ważne, żeby czuć się winnym. Jest to normalny fakt związany z naszą istotą jako człowieka.

Sama nie wiem, ile razy budziłam się z wielkim smutkiem, czasem z uczuciem zniechęcenia, z wielką depresją. Bardzo często jest to po nieporozumieniach, małych kłótniach z żoną. Moja żona jest jedyną osobą na świecie, która może pogrążyć mnie w wielkim stresie i depresji, ale jest też jedyną osobą na świecie, która wie, jak przynieść mi więcej radości niż ktokolwiek inny. Myślę, że to samo dotyczy każdego, kto czuje się zakochany w innej osobie.

Co możemy zrobić, aby pozostać w pokoju w obliczu trudności, w obliczu tych negatywnych uczuć?

Odpowiedzią jest nauka oderwania się za wszelką cenę od rzeczy, które wywołują te emocje.

Sarah Cavanagh, nauczycielka angielskiego, specjalizująca się w medytacji **Brahma Kumari**, dokonała tego spostrzeżenia: "***Kiedy się w coś, lub w kogoś, odłączamy się również od emocji, które są z tym związane***".

W pełni zgadzam się z tymi, którzy mówią, że przeciwieństwem miłości nie jest nienawiść, ale obojętność.

Obojętność odrywa nas od osoby, od emocji, które do niej czujemy.

W ten sam sposób musimy oderwać się od przeszłości, aby oderwać się od emocji, które są z nią związane.

To co myślisz jest zgodne z twoimi emocjami, nie możesz źle myśleć o kimś i czuć do niego miłości.

Każdy człowiek obraca się w kręgu, który ma na niego wpływ, który wpływa na jego życie, jego wizję, jego emocje, jego nastroje.

Koło wpływu. Emocje są tworzone przez to, co wpływa na nas na co dzień, albo dobre, albo złe.

Nasz krąg wpływów składa się z kilku rzeczy. To wszystko, co czytamy, wszystko, na co patrzymy, wszystko, co słyszymy każdego dnia, wpłynie na nasze emocje.

Portale społecznościowe wywierają na nas ogromny wpływ za sprawą większej liczby wpływowych osób, liderów opinii, którzy mogą obudzić lub uśpić nasze emocje, nasze dawne nawyki, nasze przekonania, naszych przyjaciół, miejsca, w których często przebywamy.

W ten sposób coraz więcej osób ma wpływ na portale społecznościowe. Możemy znaleźć dobre, które mogą podnieść nasze emocje, ale niestety, większość z tych czynników wpływających na sieci społeczne, wpływa źle. Większość twórców portali społecznościowych pokazuje inne życie w mediach, podczas gdy w rzeczywistości są one zupełnie inne.

Pojawienie się sieci społecznościowych dało głos i uznanie ludziom, którzy w rzeczywistości nie zasługują nawet na uwagę i kontrolę opinii publicznej.

Jak dobrze ujął to włoski pisarz **UMBERTO ECCO (1932-2016)**, ***portale społecznościowe dały głos legionom głupców, którzy zwykli mówić tylko w barze i nie szkodzili społeczności. Od razu zostali uciszeni. Dziś mają takie samo prawo do mówienia jak laureat Nagrody Nobla.***

Wśród tych uprzywilejowanych głupców, wymienionych przez **Umberto ECCO,** są pseudo-pasterzy, pseudo-dziennikarze i improwizowani felietoniści, pseudo-muzycy nie posiadający w swojej twórczości treści edukacyjnych.

Ponadto, wśród przewinień sieci społecznościowych, dużą część stanowią publikacje, które ukazują przeciwieństwo rzeczywistości w życiu tych ludzi.

Widzimy zdjęcia ludzi dobrze ubranych, pijących, napełniających się, gdy w rzeczywistości żyją w ogromnej biedzie.

Widzimy pary zamieszczające filmy i zdjęcia tak, jakby żyły w idealnej harmonii, podczas gdy w ich prawdziwym życiu jest to katastrofa.

Ludzie, którzy sprawiają wrażenie, że spędzają swoje dni w biurze, podczas gdy są bezrobotni.

Arthur C. Brooks, prezes Amerykańskiego Instytutu Przedsiębiorczości, widział wyraźnie, jak ludzie używają i konsumują portale społecznościowe, powiedział to w ten sposób na konferencji w Salt Lake City :

Kiedy korzystamy z mediów społecznościowych, mamy tendencję do transmitowania uśmiechniętych szczegółów naszego życia, ale nie ciężkich czasów w szkole czy w pracy. Opisujemy niekompletne, czasem fałszywe życie.

Dzielimy się tym życiem, a następnie konsumujemy prawie wyłącznie fałszywe życie naszych przyjaciół z mediów społecznościowych.

Wtedy on zadaje to pytanie:

Jak mógłbyś spędzić część swojego czasu udając szczęśliwszego niż jesteś, a drugą część czasu widząc, jak bardzo inni wydają się być szczęśliwsi niż ty?

Wielu z nich spędza całe dnie na portalach społecznościowych i znajduje się pod wpływem fałszywego życia, własnego, fałszywego życia i życia swoich przyjaciół naśladowców.

Zauważ, że wszystko co widzisz, czytasz i słuchasz codziennie jest częścią twojego kręgu wpływów.

Aby oderwać się od emocji z przeszłości, musimy zadać sobie pytanie:

Czy to, co czytam, na co patrzę, co widzę, co słyszę, daje mi spokój? Czy nie odsyła mnie to do emocji z przeszłych wydarzeń?

Tak więc, osoba, która naprawdę chce oderwać się od emocji z przeszłości, które nie dają spokoju, będzie musiała codziennie skanować swoje myśli, jak również wszystkie elementy, które na nią wpływają.

Są zdjęcia, na które nie będziemy musieli już patrzeć, aby pogodzić się z naszą przeszłością. Rzeczy, których nie chcemy już czytać, teksty, piosenki, których nie chcemy już słuchać, słowa i imiona, których nie chcemy już nawet mówić tylko po to, by pozbyć się i pogodzić się z naszą przeszłością.

Codzienne zarządzanie naszym kręgiem *wpływów jest bardzo potrzebne, jeśli chcemy iść do przodu i zostawić przeszłość za sobą.*

Negatywne emocje, spadek motywacji sprowadza nas na dół.

Tak więc, nawet jeśli nie możemy zmienić naszej przeszłości, ale przynajmniej musimy kontrolować, zmienić emocje, które odczuwamy w związku z wydarzeniami z przeszłości, tak abyśmy musieli pogodzić się ze sobą.

Jeżeli nie będziemy dobrze kontrolować naszych myśli, będzie to miało wpływ na nasze ciało, nasze zachowanie, a nawet na okoliczności, które przydarzą się nam w przyszłości.

W końcu, będąc w pokoju ze sobą.

Kiedy już umówisz się ze sobą. Mieliśmy czas na wysłuchanie siebie nawzajem. Potem miał odwagę zaakceptować naszą przeszłość. Czas pogodzić się ze sobą.

Mylić się w ten czy inny sposób jest po prostu przedstawieniem pewnej mentalnej dysharmonii, której sami doświadczyliśmy.

Docenianie siebie jest niezbędnym elementem do osiągnięcia pokoju w sobie.

Kiedy uczestniczyłem w konferencji rozwoju osobistego, prelegent zachęcał technikę, aby rzeczywiście doceniać siebie. Powiedział, że aby zaakceptować i docenić siebie takimi, jakimi jesteśmy, musimy każdego dnia znaleźć wokół siebie trzy lub pięć rzeczy, za które musimy być wdzięczni.

Bardzo często zabieramy wszystko, co mamy za pewnik, aż zostanie nam odebrane lub zniknie.

Będziemy bardzo wdzięczni za błogosławieństwo posiadania oczu, które widzą, kiedy możemy po prostu cieszyć się wschodem słońca, pięknem otaczających nas kwiatów, pięknem górskich krajobrazów, zbudowanych miast, ogromem rzek, strumieni, jezior, morza.

Możemy po prostu znaleźć czas, aby rano posłuchać muzyki ptaków, aby cieszyć się błogosławieństwem posiadania uszu, które słuchają.

Każda osoba może znaleźć trzy lub pięć rzeczy, które pomogą jej docenić to, kim jest na co dzień. Rodzice, którzy zawsze są przy dzieciach, wierny przyjaciel, który zawsze oddaje uszy, aby wysłuchać skargi drugiej osoby. Czy jesteśmy wdzięczni nauczycielom, którzy poświęcają czas na zmianę naszego życia, na podrabianie naszych osobowości?

Bardzo często później zarabiamy na życie lepiej niż ci nauczyciele, którzy uczyli nas czytać i pisać. Ale czasami po prostu zapominamy być wdzięczni za to, że przyszli do naszego życia.

Nawet gdy jesteśmy w nieodpowiedniej sytuacji, nawet w szpitalnym łóżku, zawsze możemy znaleźć trzy lub pięć rzeczy, które możemy docenić z faktu, że jeszcze żyjemy.

Nigdy nie obwiniaj innych za to, co się z nami dzieje. Tak jak mieliśmy czas na podkreślenie, że nie powinniśmy się rozwodzić nad wiecznym potępianiem siebie za nasze wcześniejsze działania, tak samo nie powinniśmy zawsze wskazywać palcem na innych za nasze błędy lub po prostu za to, co się z nami dzieje.

Nie należy być wśród tych, którzy źle zrozumieli Jeana Paula Sartre'a mówiąc: *"Piekło jest inne" w jego sztuce "Huis close"*.

Nie zawsze możemy winić innych za to, co się z nami dzieje. Człowiek staje się człowiekiem dopiero wtedy, gdy przestaje narzekać i obwiniać innych jako autora własnych nieszczęść, gdy przestaje narzekać na okoliczności, które stawiają go na jego niekorzyść, ale staje się człowiekiem, gdy wie, jak uczynić swoje porażki opłacalnymi, a zaczyna wykorzystywać te szkodliwe okoliczności jako pomoc w swoim rozwoju.

Są chwile, kiedy kierunek twojego życia będzie zależał od decyzji, którą inni będą musieli podjąć w stosunku do ciebie. Niezależnie od wyniku ich decyzji, miej odwagę pocierać ręce i ruszać dalej. Nie obwiniaj innych za nasze własne błędy, ponieważ to oni mogą decydować o twoim życiu. Weź to na siebie i wyciągnij z tego naukę.

Po raz kolejny moje życie jako uchodźcy dało mi tę lekcję. Przez chwilę stanąłem wobec rzeczywistości, w której kierunek mojego życia nie zależał już ode mnie. Moje życie, aby wrócić na właściwe tory, znaleźć pracę, kontynuować naukę tak, jak chciałem, poruszać się tak, jak chciałem, zależało od decyzji, którą musieli podjąć oficerowie imigracyjni. Zależało to od mojej żony, która musiała zdecydować, czy chce połączyć rodzinę, aby dołączyć do nich w Stanach Zjednoczonych, gdzie znalazła już azyl. Więc cokolwiek mogłem zrobić, to od nich zależał mój los.

Kiedy decyzje po obu stronach przeciągały się. Pewnego niedzielnego poranka przed pójściem do kościoła, napisałem te słowa w swoim dzienniku:

"Ty, *ludzie, którzy mnie obserwują, na pewno zapytasz mnie, jaki jestem?*

Zawsze będę ci mówił, że nic mi nie jest, nawet gdy wczorajszej nocy poduszki były mokre od łez.

Nic mi nie jest. Nadal będę odpowiadał na to ogólne pytanie.

Jako żołnierz wykuwający swój umysł w trudnych ćwiczeniach, tak jak ja, odnajdę swoją radość i odpowiedzi w trudnych rzeczach w życiu.

Na pewno zapytasz mnie, jak się teraz czuję? Powiem ci, że czuję się jakbym był w środku morza.

Nie wiem, jak wrócić tam, skąd pochodzę, nie wiem, jak iść naprzód, gdzie idę.

Z miejsca, w którym stoję, widzę łódź ratunkową, która może mnie bezpiecznie zabrać z powrotem. Ale niestety, zależy to od rozmieszczenia serca kapitana tej słynnej łodzi ratunkowej.

Gdyby miał poczucie człowieczeństwa, mógłby przyjść mi na ratunek, inaczej zostałbym pozostawiony własnemu losowi.

W tym właśnie momencie moje życie nie zależy już od siebie.

W międzyczasie, muszę popływać. Płyń z całych sił, płyń nawet wtedy, gdy się jeszcze nie nauczyłem. Pływam w rozpaczy, która może przywrócić życie do życia.

Co robi ten trawler? Czy widzi, że się ruszam? Czy będzie w stanie wysłać mi tego ratownika?

Tylko on ma odpowiedź.

Może w tej chwili interes w utrzymaniu bezpieczeństwa na granicy przeważa nad moim życiem.

Może widzi, że nadchodzę, ale wolałby zobaczyć, jak umieram, bo moje życie może mu przeszkadzać.

Jestem w środku morza, pływam, nie wiem, jak wrócić tam i z powrotem.

Ta łódź ratunkowa, którą widzę w oddali, jest pełna oficerów imigracyjnych, którzy muszą decydować o moim losie.

Widzę, że nadal zastanawiają się, debatują nad tym, czy powinni zachować politykę migracyjną swojego kraju, czy też uratować życie obcego, którego nie znają.

Widzę też po drugiej stronie, daleko w tej łodzi, osobę trzymającą tego Lifebuoya jest moja żona. Ona, która miała już azyl i może mnie uratować.

Ale zastanawiam się, dlaczego ona ciągnie za sobą boję, czy po tych wszystkich latach separacji nadal jest tą samą osobą?

Czy ona nie zastanawia się, czy moje życie nie kolidowałoby z jej nowym życiem zbudowanym na jej ziemi azylu?

Pocieram oczy, żeby się upewnić, że nadal widzę. Cóż, potwierdzam, że nie jestem niewidomy, nie mam też halucynacji, to ona ma w ręku linię życia!

W międzyczasie, zdecydowałem się popływać. Nie mam innego wyboru jak tylko pływać.

Pływanie wśród rekinów, wśród wielorybów. Pływając wbrew mojej woli.

Kołysanie rękami i nogami to jedyne, co muszę zrobić.

Wydaje mi się, że nadal widzę tę łódź ratunkową. Tam jest. Wciąż mogę mieć nadzieję.

Dowódca, oficerowie imigracyjni, mój partner, zdaje się ponownie decydować o moim losie.

Ci, którzy pytali mnie na początku, czy wszystko ze mną w porządku, wciąż zadają pytania między sobą. Tym razem zastanawiają się, co sprowadziło go na środek morza. Czy nie miał innego rozwiązania? Czy przemyślał to na tyle, by dojść do tego punktu? Dlaczego podjął takie ryzyko?

Niestety, nie wiem jak na to odpowiedzieć. Jak tylko otworzę usta, wezmę łyk wody i zaryzykuję utonięcie.

Pozwól mi pływać. Czas odpowie ci w końcu. Czas ma odpowiedź na wszystko.

Oldham, Manchester, niedziela, 15 września 2019 r.

Czasami decyzja o naszym życiu leżałaby w rękach innych ludzi, nie obwiniajmy ich za to. Mamy po prostu możliwość dalszego pływania w głębokiej wodzie bez nadmiernego otwierania ust.

Nadal nie musimy wiedzieć, jak to wszystko się kończy. Czasami ważne jest, by brać rzeczy tak, jak przychodzą, krok po kroku.

Powiedział to obraz Martina Luthera Kinga, który zawsze miałem w moim pokoju dla uchodźców:

"Nadal nie musisz widzieć całych schodów, po prostu zdecyduj się zrobić pierwszy krok".

W obliczu pewnych okoliczności, wystarczy zrobić pierwszy krok, inne rzeczy pójdą za nimi z własnej woli.

Będziemy musieli zawrzeć pokój w sobie. Jakie są uczucia, które przechodzą przez ciebie teraz, kiedy myślisz o tej czy tamtej osobie? Czy to zawsze jest animozja? Czy to duch zemsty? A może to nawet chęć zobaczenia jak znika? Jeśli zawsze jest to uczucie w duszy człowieka, to pokazuje, że ten człowiek nie znalazł jeszcze w sobie spokoju.

Samo spędzenie czasu może przynieść nam pokój. Wokół nas jest wystarczająco dużo hałasów, które uniemożliwiają nam znalezienie głębokiego spokoju. Czasami musimy się cenzurować od używania technologii przez jeden, dwa dni, aby znaleźć spokój. Dni z dala od telefonu, bez poczty elektronicznej, bez technologii mogą przynieść nam spokój.

Moment samotności pozwala nam zadawać sobie prawdziwe pytania, które pozwalają nam dowiedzieć się, kim jesteśmy i czym chcielibyśmy być w przyszłości.

To w tej spokojnej, spokojnej chwili zadajemy sobie pytanie, kim ja jestem? Czym chciałbym być w tej chwili? Czym chciałbym być w przyszłości? Czy wolałbym pozostać tym, kim jestem teraz? Albo czym byłem pięć lat temu? A może chciałbym zostać innym człowiekiem w przyszłych latach?

Samotność jest używana do określenia kierunku, w którym należy podążać.

We współczesnym świecie, gdzie ludzie są stale zajęci Internetem, portalami społecznościowymi, smartfonami, ci, którzy odnoszą sukcesy, to ci, którzy wiedzą, jak się skoncentrować. Ludzie, którzy odnieśli sukces, to ci, którym udało się złożyć ofiarę z pozostania w izolacji i myślenia.

Podsumowując ten rozdział, mówimy, że to, co myślisz, przekłada się na twoje emocje, a później na działanie.

Nie można źle myśleć o kimś i czuć do niego miłość.

Aby wydostać się z niewoli naszej przeszłości, niezależnie od tego, czy jest to lepsza przeszłość, którą chcielibyśmy z całego serca zobaczyć ponownie, czy śmierdząca przeszłość, jesteśmy po prostu wezwani, aby się jej pozbyć.

Przyszłość jest lepsza, nasz wzrok powinien być na zawsze ustalony, ku przyszłości, w której spędzimy resztę naszego życia. Przyszłość zawsze ma dla nas w zanadrzu kilka bardzo pięknych odcinków.

Nie ma silniejszych słów niż słowa Izajasza w Biblii, aby podsumować ten rozdział i zawrzeć pokój z jego przeszłością:

Nie myśl o wydarzeniach z przeszłości,

I nie zastanawiaj się już nad tym, co jest stare.

Tutaj, zamierzam zrobić coś nowego, co się wkrótce stanie:

...wybiorę drogę na pustynię,

I rzeki w samotności. (Spróbuj 43: 18-19)

Podsumujmy niektóre z zasad przedstawionych w tym rozdziale:

1. Zwrócenie się do siebie jest pierwszym krokiem w pogodzeniu się z przeszłością,
2. ***Samotność jest używana do określenia kierunku, w którym należy podążać***
3. *Tak jak rzeka wody nie płynie z powrotem do swojego źródła, tak nasza przeszłość pozostanie niezmieniona. Więc musimy to zaakceptować.*
4. *Nasza teraźniejszość, nasza przyszłość, zależy od tego, jak zdecydujemy się radzić sobie z naszą przeszłością.*
5. *Kiedy oderwiemy się od czegoś lub kogoś, oderwiemy się też od związanych z tym emocji. Musimy więc oderwać się od przeszłości, aby oderwać się od związanych z nią emocji.*
6. Codzienne zarządzanie naszym kręgiem wpływów jest bardzo potrzebne, jeśli chcemy iść do przodu i zostawić przeszłość za sobą,
7. Czasami decyzja naszego życia leży w rękach innych ludzi, nie wińmy ich za to.

Rozdział 2. Kiedy się pali, zawsze wychodzimy na ewakuację.

"Prawdziwa wielkość człowieka jest mierzona, gdy wszystko idzie źle".

Martin Luther King.

Kiedy byłem osobą ubiegającą się o azyl w Anglii o rygorystycznym systemie imigracyjnym, miałem do czynienia z ludźmi, którzy sprawili wrażenie, że zostali przeszkoleni tylko po to, by nie wierzyć we wszystko, co osoby ubiegające się o azyl im powiedzą.

Przez dwa lata zostałem odrzucony na moim wniosku, odłączony od rodziny, martwiłem się o moje dzieci, które były jeszcze małe i chciały, aby ich ojciec był przy nich.

W obliczu tej sytuacji, tendencją jest pozostawanie w łóżku i nie przemieszczanie się, jak to miało miejsce w przypadku wielu osób ubiegających się o azyl. To było jak izolacja.

Bardzo często byliśmy głęboko przygnębieni. Kiedyś skarżyliśmy się na powolny system imigracyjny. Czasami byliśmy zdemoralizowani, bo byliśmy w sytuacji, która nie zależała od nas i nie wiedzieliśmy, kiedy to się skończy.

Ale w miarę upływu czasu zdałem sobie sprawę, że bez względu na to, co mnie martwi, nie będę zmuszał urzędników imigracyjnych do zapewnienia mi ochrony, o którą prosiłem.

Często pomiędzy dwoma spotkaniami, wizyta u sędziego, urzędnika imigracyjnego, trwa dłużej niż pięć miesięcy.

Aby rozwiązać tę sytuację, postanowiłem pozytywnie wykorzystać czas oczekiwania na ostateczną decyzję w sprawie mojego wniosku o azyl, który był rozłożony w czasie. W okresie oczekiwania na apele i odwołania, postanowiłem zmaksymalizować swój czas poprzez szkolenia online, jednym z wybranych szkoleń było odbycie szkolenia z zarządzania projektami, uzyskanie certyfikatu, a także szkolenia z zakresu zarządzania zasobami ludzkimi.

Później imigracja ponownie mnie odrzuciła i ogłosiła mnie "AER" (Prawo do odwołania wyczerpane). Dzięki temu statusowi nie miałem już prawa do odwołania, ale miałem możliwość wprowadzenia innych dowodów, nowego wniosku o azyl, innymi słowy, rozpoczęcia całej procedury od nowa. Dali mi kolejne pół roku, żebym poczekał tylko na kolejne spotkanie.

Zdecydowałem się nie narzekać na swój los, przyszedł mi do głowy pomysł, aby zająć czas na pisanie tej książki, a także aby poprawić swój angielski.

Opuściłem Anglię z większą ilością certyfikatów i szkoleń zawodowych, z rękopisem mojej książki, A Diploma in Project Management Program (PMP), certyfikatami z zakresu Human Resources, Math i English.

Wspaniale się bawiłam pomagając innym wnioskodawcom, pomagając im właściwie przedstawić ich sprawy. Poznałam kilku wspaniałych ludzi, którzy nauczyli mnie wiele o pracy zespołowej, czy to dla **Międzynarodowego Czerwonego Krzyża**, czy w grupach kampanijnych o nazwie **RAS VOICE of** England.

Nie sądzę, żebym miał więcej wolnego czasu w moim życiu, jak w tamtym okresie. Choć towarzyszyło jej wiele frustracji, w końcu przyniosło ono pozytywne rezultaty w postaci osobistego postępu.

Ten przykład nie jest tak szczególny, są tacy, którzy musieli radzić sobie lepiej niż ja w tej samej sytuacji, ale po prostu chciałbym zilustrować, że nawet w naszych najgorszych, złych czasach są pozytywne rzeczy, które możemy wykorzystać.

Twoja sytuacja może nie być wielka, ale nie pozostanie wielka na zawsze.

Zawsze będą chwile, kiedy będziemy mieli do czynienia z poważnymi problemami, poważnymi trudnościami w życiu. Chwilami, gdy mamy wrażenie, że niebo jest ciemne, noc staje się bardzo długa. Chwila, że czekuliśmy z niecierpliwością na koguta, żeby wreszcie nadszedł ranek. Czasami nawet nie lubimy, gdy przychodzi ranek, bo to by niosło ze sobą tony problemów do rozwiązania.

Czułem, że w nocy musiałem podpisać swoją rezygnację z pracy, która mi się podobała. Myślałem o kolegach, których musiałem opuścić, personelu, ludziach, którym służyłem. Ta noc wydawała się być niekończąca się.

W dniu, w którym odmówiono mi wizy po raz czwarty w USA, miałem długą noc, kiedy miałem już 3-letnie dziecko, którego jeszcze nie widziałem, oraz trójkę innych małych dzieci, które nie widziały ojca od kilku lat. Całą noc miałam łzy i myślałam o tym, kiedy znów zobaczę moje dzieci.

Noc była bardziej bolesna, kiedy dowiedziałem się o śmierci moich bliskich. Wujek, siostrzeniec, dwóch przyjaciół, którzy stali się dla mnie jak bracia. Jeden z nich był moim drużbą, a drugi zmarł, gdy na dwa dni przed tym, jak miał się dobrze, zaprosił mnie nawet do restauracji tamtej nocy. Każdy z nas jadł nasze ulubione jedzenie, ale niestety dwa dni później dostałem telefon, że nie żyje.

Były to chwile wielkiej goryczy, podczas których miałem wrażenie, że ten szok na zawsze pozostanie w moim sercu.

Możesz znaleźć się w bardzo trudnym okresie swojego życia, ale dobra wiadomość jest taka, że każdy okres jest ulotny. Nie ma nic, co by pozostało status quo.

Dobra wiadomość jest taka, że bez względu na to, przez co przechodzimy, za 100 lat nikt z nas obecnie żyjących na ziemi nie będzie nadal żył. Wszystkie nasze problemy przejdą razem z nami. Więc nie ma sensu, żebyśmy się denerwowali.

Jeśli postrzegasz ideał, postaraj się do niego dotrzeć. Wyceluj w księżyc, bo inaczej sięgniesz po gwiazdy.

Złota zasada jest taka, że należy zawsze próbować wydostać się przez drzwi awaryjne, nawet gdy dom płonie.

Spokojny umysł niesie ze sobą rozwiązania każdego problemu. Fajna głowa rozwiązuje wszystko.

Łatwo jest dać się ponieść, krzyczeć, próbować indeksować innych, ale kiedy zachowamy spokój, nasz umysł da nam wszystkie środki potrzebne do rozwiązania dylematu i równania przed nami.

The Boxer Theory.

Lubię mecze bokserskie. Nie podoba mi się przemoc tej walki, ale raczej wnioski, które wyciągnąłem z innego punktu widzenia.

Poza korzyściami dla zdrowia, socjologia, boks uczy nas kilku rzeczy.

Nelson Mandela dokonał tego spostrzeżenia:

"Nie podobała mi się ***przemoc boksu tak bardzo, jak cisza. Zaintrygował mnie sposób, w jaki poruszałeś ciałem, aby się chronić, jak stosowałeś strategię łapania i wycofywania się, jak walczyłeś o mecz.***

Boks jest egalitarny, na ringu, ranga, wiek, kolor i bogactwo są nieistotne. Nigdy tak naprawdę nie walczyłem po wejściu do polityki. Moim osobistym zainteresowaniem było szkolenie. Stwierdziłem, że rygorystyczne ćwiczenia są doskonałym wyjściem dla napięcia i stresu. Po intensywnym treningu czułem się lżejszy psychicznie i fizycznie.

To był sposób na zatracenie się w czymś, co nie było zapaśnicze. Po wieczornym treningu budziłam się następnego ranka, czując się silna i wypoczęta, gotowa do wznowienia walki" (Mandela, Długa praca na rzecz wolności).

Dla każdego świadomego obserwatora oglądającego mecz bokserski, jest wiele rzeczy, których może się nauczyć, a które może wprowadzić w życie w swoim codziennym życiu.

Tak jak Mandela, sposób, w jaki bokser chroni swoje ciało, atakuje przeciwnika, odpoczywa pomiędzy rundami, cofa się, poważnie zainspirował mnie w moim codziennym życiu. Zrozumiałem, że są w życiu imperatywy, które muszę chronić. Wiedziałem, że nie przeżyję w pewnych okolicznościach bez wprowadzenia strategii odbudowy mojego życia.

Wszystkie te lekcje, nazywam to **teorią bokserską.**

Lekcja pierwsza: Chroń swoją czaszkę.

Od bokserów możemy się nauczyć, że najważniejszym zadaniem do wykonania w walce jest ochrona czaszki.

Po pierwsze, jest on zdania wszystkich sportowców, że dobry bokser to ten, który umie dawać ciosy, a także je brać. W ten sam sposób, w walce o życie trzeba umieć dawać ciosy, a także nauczyć się w pewnych momentach akceptować je.

Ale najważniejszą rzeczą w bokserze jest ochrona jego głowy, czaszki.

Cóż, chroń swój mózg, gdy dręczą cię problemy.

Życie daje nam ciosy. Możemy otrzymywać ciosy z każdego miejsca. Może pochodzić z pracy, może pochodzić z naszego zdrowia, może pochodzić od przyjaciół, rodziny, a nawet miłość może nas rozczarować.

Ciosy życia mogą przyjść nawet tam, gdzie najmniej się ich spodziewamy, na przykład w naszej własnej rodzinie, w miejscach takich jak kościoły, gdzie uważamy się za miejsce bezpieczne, miejsce, które składa się z ludzi, którzy powinni żyć zgodnie z wyższym prawem miłości, ale gdzie możemy znaleźć się wokół ludzi, którzy oceniają nas według miary, że oni sami nie będą chcieli być osądzani.

Innym środowiskiem jest świat polityki. To jest świat tanich ujęć par excellence.

Musimy być na to wszystko przygotowani, jak zauważył słynny amerykański prorok chrześcijański, **Thomas S. Monson**:

Życie jest pełne trudności, małych i większych. Wydaje się, że dla każdego z nas istnieje nieskończony zapas prób... Czasami wydaje się, że nie widzimy końca tunelu, że nie widzimy świtu, by przełamać ciemność nocy. Odczuwamy ból złamanych serc, rozczarowanie rozbitymi marzeniami i rozpacz znikniętych nadziei...

Czujemy się opuszczeni, przytłoczeni żalem, samotni... możemy zadać sobie pytanie: Czy w Gileadzie nie ma balsamu? (Finding Joy on the Journey, 2008).

Nie będzie brakowało ciosów na drodze życia. Ale co najważniejsze, chroń swoją czaszkę.

Proszę chronić czaszkę. Proszę, nie pozwól, by ciosy życia dotarły do twojego układu nerwowego.

Zawsze pozwól głowie ostygnąć. Nie zachowuj się gorąco. Dobry silnik zawsze daje dobrą wydajność.

Nie pozwól, by trudne sytuacje życiowe dotarły do twojego mózgu, twojej głowy. Nie pozwól, by zniszczyła twój mechanizm rozumowania, zniszczyła twój system nerwowy. Głowa jest w centrum wszystkiego.

Vincent Paul Norman wskazał na to tak dobrze, że jedyną funkcją całego ciała jest wspieranie mózgu. Stąd bierze się każde rozwiązanie.

Chroń swój mózg, proszę, chroń czaszkę.

Lekcja druga: Odpocznij pomiędzy rundami.

Kolejnym kawałkiem mądrości, który należy narysować w meczu bokserskim, jest reszta, którą bierze się po zadzwonieniu dzwonu. Ten moment w meczu bokserskim pozwala bokserowi iść i naładować się wraz z trenerem.

Więc dla mężczyzny ważne jest, aby pomiędzy rundami usiąść, posłuchać trenera, odzyskać siły, a następnie wrócić na boisko.

Trenerem mogą być twoi rodzice, bliski przyjaciel chcący cię słuchać, twoja miłość. Może być nauczycielem, trenerem, a nawet inspirującą książką. Najważniejsze jest, aby przerwać walkę i usiąść przed wznowieniem kolejnej rundy.

Pomiędzy dwoma trudnymi sytuacjami, czasami cisza jest złota. Przed krytyką ludzi, przed plotkami, fałszywymi oskarżeniami po obu stronach. Właściwa odpowiedź brzmi: zachować spokój, milczeć, nic nie mówić. Zachowajcie w sobie autentyczność.

Spokojnie, spokojnie. Czas leczy wszystko.

Co musisz wiedzieć. Podczas gdy my sami cierpimy z powodu nocnego bólu zęba zainfekowanego próchnicą, a nawet z powodu wleczącego się ropnia, w tym momencie cierpienia jesteśmy bardzo obojętni na liczbę tysięcy zgonów na całym świecie. Nawet jeśli powiedziano nam, że we wsi w Brazylii panuje poważny głód, że na wschodzie Demokratycznej Republiki Konga nadal występuje choroba Ebola, która powoduje tysiące ofiar śmiertelnych, a nawet że stacje telewizyjne zapętlają zniszczenia spowodowane wojną w części Syrii, to żaden z tych problemów nie będzie dla nas ważniejszy niż nasz własny ropień, który ma pęknąć tej nocy.

W niektórych sytuacjach tylko czas leczy, tylko nadzieja, cisza i cierpliwość pozostają jedynymi hasłami przewodnimi. Wiedzcie, że pomimo waszych wołań i skarg, istnieje większa szansa, że świat pozostanie obojętny.

Czyż nie uczy nas śmierć wybitnego i sławnego świata?

Nieważne, gdzie jesteś pod słońcem, każdy ma prawo do jednej minuty ciszy na pamiątkę naszej śmierci.

Żyjący mężczyźni robią to, bo zależy im na ich czasie. Obawiają się o swoje własne zobowiązania.

Czy kiedykolwiek dowiedziałeś się, że życie zatrzymało się, ponieważ zginął wielki człowiek na ziemi?

Wtedy nic się nie zatrzyma, bo nie jest ci dobrze, nawet twoja śmierć niczego nie zatrzyma.

Zamiast narzekać na swoje problemy, milczeć, tylko czas wszystko rozwiązuje.

Twoje problemy nigdy nie będą ważniejsze niż szkoda spowodowana przez próchnicę zębów osoby, do której masz zamiar zwrócić się o pomoc.

Podczas gdy ty robisz krok do tyłu. Rób to, co radzi **Sun Tzu** w swojej książce "The **Art of War**", mówi:

"Pięć głównych rzeczy musi być przedmiotem naszej nieustannej medytacji i opieki.... Użyj tego, co widzisz, słyszysz i nie zaniedbuj zdobywania nowej wiedzy i wszelkiej pomocy, która może doprowadzić nas szczęśliwie do dobrego końca.....

Te pięć elementów to: doktryna, czas, przestrzeń, polecenie, dyscyplina.

Lekcja trzecia: Miej doktrynę.

Uchwyć myśl, która pomoże ci przetrwać trudne czasy. Trzymaj się ideologii, pozytywnej myśli, pozytywnego sloganu, który doda Ci otuchy za każdym razem, gdy jesteś w swoich złych czasach.

Od 17 roku życia, pozytywne myśli, pozytywne słowa wielkiego pisarza Paula Normana Vincenta, zawsze pomagały mi przezwyciężać próby i trudne epizody mojego życia. Używam ich za każdym razem, gdy mam do czynienia z trudną sytuacją.

Na przykład porzekadło: "**Każda wada jest zaletą**" zawsze było moim mottem, nawet gdy przez długi czas byłem bezrobotny. Te 6 słów popchnęło mnie do dostrzeżenia pozytywnej strony bezrobocia i wykorzystało tę wadę, by zrobić więcej szkoleń zawodowych, więcej pracy społecznej, więcej wolontariatu w organizacjach, także by odpocząć i posłuchać muzyki, którą lubię. Tak więc, doświadczyłem czegoś, co mogę nazwać ***dochodowym bezrobociem***. *Pamiętaj, że każda wada jest zaletą.*

Kiedy w 2017 roku zrezygnowałem z pełnienia funkcji Kierownika Regionalnego na Afrykę Środkową, było to wpływowe stanowisko w bardzo wpływowej organizacji w tym regionie. Myśl Pisma Świętego towarzyszyła mi w odbudowywaniu siebie: ***kiedy jedne drzwi się zamykają, siedem innych otwiera się...*** To słowo zawsze było w mojej głowie, dopóki się nie odbudowałem i nie znalazłem innych otworów dla mojej kariery zawodowej.

Miej doktrynę, trzymaj pozytywną myśl w ręku, w czasie odrzutu.

Kiedy dzwonek zadzwoni do ciebie, żeby się cofnąć, odpoczywasz i słuchasz rad trenera, a potem wracasz na ring, pozwalasz swojemu umysłowi trzymać się ideologii, nauki, myśli, nazwy, która może cię pobudzić.

Bez względu na to, czy jesteś ateistą czy wierzący, chrześcijaninem czy muzułmaninem, wpisz imię, które da ci impuls. Albo imię boskości, które może dać ci siłę, albo imię jednego z twoich przodków, który był dzielny, to nie ma znaczenia, ale trzymaj się imienia, myśli, doktryny, która będzie cię zachęcać. Wyrecytuj go od czasu do czasu, pomedytuj nad nim, znajdź swój własny sposób, aby go zapamiętać.

Muzycy, aktorzy filmowi, sportowcy i kobiety wiedzą lepiej niż ktokolwiek inny.

Za każdym razem, gdy wydawany jest album, nadaje sobie nowe imię. Na przykład Koffi Olomide, muzyk kongijski, dobrze to zrozumiał. Czasami nazywano go **Rambo** w pewnym momencie, *później* ***Papa Bonheur***, ***Quadra Koraman***. Przyjmuje nawet imiona innych sławnych ludzi, aby wzmocnić siebie, *Sarkozy'ego, pana Donalda Trumpsa, itp.* Te nazwy i inne slogany są dla tych muzyków motywujące.

Kiedy sprawy idą źle, trzymaj się ideologii, myśli, nawet nazwy, która będzie przypominać o triumfie.

Lekcja czwarta: Jeśli musisz, każ innym myśleć, że śpisz.

Nie wiem, ile razy w życiu spędziłem więcej niż sześć miesięcy, dziewięć miesięcy decydując się nie dzielić numerem telefonu z ludźmi wokół mnie. Nie raz dezaktywowałem moje konto na Facebooku, mój Instagram, aby się wycofać. Często robię to, by w końcu udawać sen, by udawać swoją śmierć.

Udawaj czasami, że jesteś słaby, aby twoi wrogowie, otwierając drzwi do domniemania i dumy, przyjść lub zaatakować cię i dać się złapać w pułapkę wyrytą dla nich. Udawaj, że umierasz, jeśli musisz, to odkryjesz tych, którzy są naprawdę z tobą", uderzył Mistrz Wojny, ***Sun Tzu.***

Korzyść, z każdą moją wypłatą udaje mi się dowiedzieć, kto jest naprawdę, przyjacielem, bratem, prawdziwym kolegą, na którym mogę polegać, a także zawsze udaje mi się odkryć podróbki prawdy o tym, co mnie otaczało.

Lekcja piąta: Nie pozwól, by odgłosy widzów ci przeszkadzały.

Jak w meczu bokserskim, nie daj się zastraszyć ani rozproszyć okrzykami i piosenkami widzów.

Bez względu na to, czy zostałeś kopnięty, czy jesteś teraz kopany, zawsze będziesz słuchał na tyłach pokoju ludzi krzyczących.

W czasie walki stulecia między **Mohammadem Ali a Georgem Foremanem**, w 1974 roku ludzie śpiewali tę piosenkę dla Ali:

"Ali Boma ye, Ali Boma ye, Ali Bomaye, Ali boma ye...

Krzyczał w Lingala, pięknym afrykańskim języku, te słowa przetłumaczone na francuski znaczy po prostu Ali go zabija, Ali go zabija...

(Krzyki widzów w walce w Zairze w 1974 roku między Mohamedem Ali a Georgem Foremanem).

Ten krzyk mógł wytrącić George'a Foremana z równowagi. Przegrał nawet tę walkę z wielkim Ali.

Długo zastanawiając się na scenie, widzę, że w prawdziwym życiu zawsze usłyszymy krzyki zachęty lub zniechęcenia wokół nas.

Zawsze znajdą się ludzie, którzy będą cię krytykować, czy dobrze zrobiłeś, czy nie. Kpiny zawsze będą istnieć.

Czy musimy zwracać uwagę na krytykę ludzi, kpiny, wyroki?

Uwaga, nie pozwól, aby te piosenki widzów spowodowały utratę kontroli. Bokser na ringu nie może zwracać uwagi na obelgi, krzyczeć, rzucać w niego obelgami. Powinien mieć oko na swojego przeciwnika.

Przyłącz się do swojej misji, miej oko na swoje cele, kontynuuj wypełnianie swojego zadania, zachowaj czujność, a przede wszystkim pozostań przywiązany do swoich zasad.

Nic, co człowiek mówi, nie może zmienić tego, co inni o nim myślą. Jeśli osoba trzecia chce zachować opinię, wersję faktów o tobie, niech mówi i pozostaje autentyczna.

W pewnym momencie swojego życia **Sokrates, filozof, spotkał** się z dużą krytyką, przed procesem przeciwko tłumowi, który go oskarżył, przytoczył te słowa:

"Oskarżyciele w cieniach, których nie widzę, nie mogę odpowiedzieć! "

Nigdy nie reaguj na ludzi, na tłum, którego nie widzisz. To byłaby tylko strata czasu.

Zbyt często martwimy się zbytnio o rzeczy, które nawet nie są takie, jak nam się wydaje.

Nie chronimy naszych głów, martwiąc się o osądy innych o nas.

Mózg może być przegrzany i dręczony przez rzeczy, które są o nas mówione, lub które są nam mówione bezpośrednio lub pośrednio.

Czasami, gdy żałujemy, że dana osoba nie zachowuje się tak, jak byśmy tego chcieli, ale zachowuje się odwrotnie, wpadamy w ogólny stan pogotowia, martwimy się, złościmy i przegrzewamy nasze umysły.

A jednak mądrość **Sadguru** mówi, że ***jeśli chcesz uczynić siebie nieszczęśliwym, możliwości są nieskończone, ponieważ zawsze znajdzie się ktoś, kto zrobi coś, co ci się nie spodoba.***

Co gorsza, wiele razy pozwalamy sobie na to, by przeszkadzały nam rzeczy mniej ważne, rzeczy, które nie mają na nas wystarczającego wpływu. Pozwalamy im zakłócać nasz sen, sprawiać, że nasze serce bije i dręczyć nas do tego stopnia, że niszczą nasz sposób myślenia.

Jest artykuł w gazecie, która ukazała się w 1989 roku w Stanach Zjednoczonych:

Pewnego dnia człowiek, który został oszkalowany przez gazetę, udał się do Edwarda Everett'a, by zapytać go, co ma robić. Everett powiedział mu, "Nic nie rób! '

Połowa ludzi, którzy kupili gazetę, nie widziała tego artykułu. Połowa ludzi, którzy to widzieli, nie przeczytała tego. Połowa z tych, którzy to czytali, nie zrozumiała tego. Połowa z tych, którzy to rozumieli, nie wierzyła w to. Połowa z tych, którzy w to uwierzyli, i tak nie obchodziło ich to".

(Sunny Side of the Streets, November 1989, voir Zig Ziglar, stay up, up, up in a down, down Word 2001, s.174)

Ten człowiek przegrzewał swoją głowę, swoją czaszkę do wyimaginowanych rzeczy, które być może nie istnieją w sposób, jaki sobie wyobrażał.

Czasem trzeba się wycofać. Bądź cicho. Nie róbcie nic!

Tak jak na meczu bokserskim, cofnij się o krok. Siadajcie. Posłuchajcie trenerze. Dowiedz się, co się stało.

Zachowując spokój w swoim kącie, ze spokojnym i chłodnym umysłem, musisz połączyć te 3 składniki, aby rozwiązać wszystkie problemy:

Wiedza, refleksja i wiara.

Nadszedł czas, aby podsumować zasady przedstawione w tym rozdziale:

1. Spokojny umysł niesie ze sobą rozwiązania każdego problemu. Fajna głowa rozwiązuje wszystko.
2. Nie będzie brakowało ciosów na drodze życia. Ale co najważniejsze, chroń swoją czaszkę.
3. Pomiędzy dwoma trudnymi sytuacjami, czasami cisza jest złota. W obliczu krytyki ludzi, pogłosek, fałszywych oskarżeń po obu stronach. Właściwą odpowiedzią jest zachowanie w sobie spokoju, ciszy i autentyczności.
4. *Kiedy wszystko pójdzie źle, trzymaj się ideologii, myśli, nawet nazwy, która będzie przypominać o triumfie, będzie źródłem motywacji.*
5. Zbyt często zbytnio martwimy się nawet o rzeczy, które nie są takie, jak nam się wydaje.

Rozdział 3. Cytryna jest ważna tylko wtedy, gdy ma sok.

"Każdy człowiek się ceni,
Cena, jaką jesteśmy warci siebie, jest nam dana przez innych,
"A człowiek jest wielki lub mały z własnej woli.
Johann Von Schiller.

Zasada soku i cytryny.

Musimy pamiętać, że w tym świecie, w którym żyjemy, "Cytryna jest ważna tylko wtedy, gdy ma sok."

Czasami trudno sobie uświadomić z goryczą, że będziesz ważny tylko wtedy, gdy będziesz miał coś ważnego w swoich rękach.

Świat będzie patrzył na ciebie z szacunkiem. Weźmie cię pod uwagę, jeśli masz dobrą pozycję w społeczeństwie, jeśli masz konto bankowe, dobrą pozycję społeczną. Będziesz bardziej wartościowy, jeśli będziesz miał nawet reputację w społeczności.
Muszę posunąć się do stwierdzenia, że potrafimy szanować cię nawet tylko ze względu na twoje mięśnie, twój biceps.

Tak czasami rozczarowujące jest to, że ten, który był uważany za silnego człowieka, pozbawionego swojego dobytku, bardzo choruje, ponieważ stwierdza, że jego otoczenie nie daje mu takiego samego szacunku, jaki miał kiedyś.

Ten świat jest miejscem spotkania dawania i otrzymywania.

Społeczeństwo jest tak materialistyczne, że z rozczarowaniem możemy zauważyć, iż będziecie oceniani na podstawie tego, co przyniesiecie, a gdy nie będziecie w stanie tego zrobić, wasze nazwisko zniknie.

W sporcie. Ta prawda jest głębsza, bardziej żywa w świecie sportu.

Najwięksi sportowcy świata, sportowcy najwyższego szczebla, których świat świętował od lat, ale tylko z powodu słabej kondycji fizycznej spowodowanej niezdolnością do wykonywania swoich obowiązków, świat wprowadził ich w zapomnienie.

W historii jest wiele przykładów ludzi, którzy zostali umieszczeni w lochach tylko dlatego, że zabrakło im soku.

Od kilku lat świat zna Michaela Schumachera (ur. 3 stycznia 1969 r.), niemieckiego kierowcę, mistrza świata w wyścigach samochodowych, jest jedynym na świecie, który wygrał siedem razy z rzędu Formułę 1. W 2005 r. był notowany w sklepie Forbes jako drugi najwyżej opłacany sportowiec na świecie. Schumacher pobijał rekordy przez lata i lata. Świat szanował Michaela Schumachera z wieloma wyczynami, aż do 2012 roku, kiedy to zdobył swoje ostatnie Grand Prix Brazylii.

Wszystko szło dobrze aż do 29 grudnia 2013 roku, kiedy to świat upadł na tę wielką gwiazdę wyścigów Formuły 1. Kiedy jeździł na nartach w Alpach ze swoim 14-letnim dzieckiem. Miał śmiertelny wypadek, jego głowa uderzyła w wielką skałę. Szybko ewakuowano go helikopterem do Francji. Michael Schumacher złamał nogi, ramię, a następnie na kilka miesięcy znalazł się w śpiączce, aby poddać się operacji mózgu. Był już na emeryturze, ale to był koniec tej nazwy w mediach, w firmie.

Od tego czasu do dziś nikt o nim nie mówi. Na początku niektórzy chodzili do szpitala składać wieńce z kwiatów, ale potem nic. Ogłaszany od czasu do czasu między domem a szpitalem, jego nazwisko nie jest już wymieniane. To tak, jakby nic o nim nie było. Wielki bohater Formuły 1, Michael Schumacher, nie żyje.

To tylko ilustracja osoby, która za życia, deszczu czy blasku, świat musiał zawsze o niej pamiętać. W tego typu sytuacjach jest wielu sławnych ludzi, takich jak on.

Wszystko to uczy, że mamy znaczenie tylko wtedy, gdy jesteśmy w stanie wnieść coś dodatkowego, wartość dodaną w mikrokosmosie społeczeństwa.

Cytryna ma znaczenie tylko wtedy, gdy ma sok!

W miłości i przyjaźni. Stała jest trochę gorzka. Znamy wiele par, które są w bardzo dobrym stanie zdrowia, w pełnym rozkwicie, bardzo często jest to spowodowane albo kobiet, albo finansów mężczyzny, które są jeszcze stabilne. Albo zdrowie mężczyzny, albo kobiety nadal odpowiada idealnie. Albo jeden z partnerów pary jest przyciągany przez pozycję społeczną drugiego, albo przez wygląd zewnętrzny, zdolność intelektualną, albo po prostu nosić imię mężczyzny. Skąd biorą się te piękne prorocze słowa Izajasza?

I siedem kobiet weźmie w tym dniu jednego mężczyznę i powie: Będziemy jedli z naszego chleba i ubierali się w nasze szaty, tylko niech nas wezwie ***twoje imię... Księga Izajasza 4:1***

Faktem jest, że nigdy nie jesteśmy kochani za nic! Jesteśmy uwielbiani za sok, który mamy w cytrynie. Jesteśmy akceptowani za to, czym jesteśmy, za to, co mamy, za to, co przynosimy, lub wreszcie za to, co możemy przynieść.

Cytryna ma znaczenie tylko wtedy, gdy ma sok!

Co się stanie, gdy cytryna straci swój sok? Kiedy sól traci swój smak?

Na przykład, statystyki pokazują, że jeśli chodzi o finanse, większość par ma trudności z komunikacją. Zarządzanie finansami jest źródłem wielu sporów i rozwodów.

"Dobre konto czyni dobrych kochanków", mówią.

To samo można powiedzieć o sprawności fizycznej, dobrej pozycji zawodowej, dobrym miejscu w społeczeństwie, że po wyjściu można zostawić przyjaciół, kochanków, kochanków, niektórych członków rodziny, którzy byli w pobliżu.

Podobną historię przeżyłem na Wybrzeżu Kości Słoniowej, kiedy miałem tylko 19 lat jako misjonarz. Pojechałem na misję religijną do Abidżanu. Podczas gdy my prozelityzowaliśmy z innym amerykańskim misjonarzem. Staliśmy się częścią rodziny składającej się z 4 dzieci, męża i żony.

Bezpośrednio zauważyłem nieadekwatność, brak równowagi, który był w szefie dowództwa w tej parze. Ta kobieta mówiła trochę za dużo. Była bardzo gruba, wydawała mu rozkazy.
Albo musiał umyć to, albo to dziecko, albo posprzątać to, albo tamto.

Kobieta musiała iść do pracy, żeby mężczyzna mógł ją na nas wyciągnąć. Kiedyś była nas tylko trójka z tym człowiekiem. Kazał nam wyciągnąć zdjęcie, stare zdjęcie z 3 lat temu. Widziałeś, jak miał ciało na skórze. Był bardzo uroczy na zdjęciu. Wydawał się oddychać życiem.

Spojrzał na te zdjęcia z podziwem, opowiedział nam o swojej starej pracy, jak ją stracił. Opowiadał nam o tym, jak powoli kobieta musiała wychodzić po pieniądze, a on musiał zajmować się dziećmi. Krok po kroku, pokusa zajęła swoje miejsce, powstał dystans, zmniejszyła się miłość. Krok po kroku człowiek stracił władzę. Para zaczęła znosić fakt, że w imieniu dzieci nie wiedział, jak podjąć ekstremalną decyzję. Chciał utrzymać rodzinę razem, ale za jaką cenę? Coraz bardziej ten człowiek czuł się bardzo źle.

Nie mówimy, że wszystkie kobiety będą postępować tak samo. Jest to częste zjawisko, mężczyzna lub kobieta mogą się zmniejszyć, już nie tylko dlatego, że to, co kiedyś było ich związkiem, już nie istnieje. Po prostu, cytryna miała znaczenie tylko wtedy, gdy był sok.

Nagle łzy spływały mu po policzkach, a on w końcu wypowiedział słowo, które na długie lata zapadnie mi w pamięć. Powiedział: "Drodzy przyjaciele, módlcie się za mnie, módlcie się także za was, abyście bez względu na sytuację, aby Bóg nie uzależnił was od jednej osoby (w moim przypadku od mojej żony), stracili wiele szacunku.... Wtedy doszedł do wniosku, dodając: cytryna ma wartość tylko wtedy, gdy jest sok".

Nie wiem, jak prawdziwe są te słowa w prawdziwym życiu. Oczywiście, każdy znajduje się w innej sytuacji, ale przynajmniej jedna rzecz wspólna, zależność osłabia człowieka.

Od tego czasu, w mojej codziennej modlitwie, nie zabrakło tego zdania: "BOŻE BOŻE uratował mnie od SYTUACJI, W KTÓRYM BĘDĘ TOTYLKO ZEBRANY W JEDNEJ KOLEJNOŚCI".

Tę samą sytuację obserwowałem z przyjacielem, który był bardzo stabilny przez kilka lat. Żonaty, ojciec rodziny, z dobrą pracą od wielu lat, woda płynęła pod mostem w spokoju. Życie wydawało się być uśmiechnięte do niego. Ale nagle sprawy potoczyły się źle, na skutek okoliczności, musiałby zrezygnować z pracy. I tak nie miał innego wyboru, jak spróbować swojej przygody gdzie indziej. Musiał opuścić kraj w Afryce, aby udać się do Europy. Znalazł się za granicą, bez pracy, bez papierów, musiał się wycofać i być pod opieką żony. Jego żona była dla niego błogosławieństwem. Ona go nie porzuciła. Nie próbowała sprawić, by czuł się winny, dlaczego tam dotarli. Ale ona była bardzo pomocna, moralnie, fizycznie i duchowo.

Ludzie, którzy byli tam jako jego przyjaciele, coraz bardziej wycofywali się. Niektórzy członkowie rodziny, którzy mu pomagali, odwrócili się od niego plecami. Wtedy mógł zobaczyć, kto naprawdę był kim w tym czasie.

Parafrazując prezydenta Francji, **Emanuela Macrona**, to właśnie w trudnych czasach buduje się użyteczne rozwiązania.

To prawda, że sytuacja jest inna w przypadku Wybrzeża Kości Słoniowej, ale od tego małego, co mogłem zaobserwować, wniosek jest taki sam:

"Cytryna jest ważna tylko wtedy, gdy ma sok."

W bractwie rodzinnym, przyjaznym...

Są ludzie, którzy są bardzo słuchani, uważani za lepszych od innych w swojej rodzinie, z powodu tego, co mają, co posiadają.

Zwłaszcza w codziennym życiu Afrykańczyków widzimy nawet, że czasami, gdy pojawiają się problemy, gdy rodzina ma kłopoty, decydują się oni nawet na spotkanie w celu znalezienia rozwiązania. W tego rodzaju spotkaniu rodzinnym głos, który jest najczęściej słuchany, to głos osoby, która jest dobrze zrównoważona finansowo, niezależnie od tego, czy jest najmłodsza ze wszystkich, czy nie, wystarczy, że ma dobrą pozycję społeczną, zostałby wysłuchany przez resztę członków rodziny.

Jest to nawet bardzo widoczne na festiwalach, w kościołach, konferencjach, zgromadzeniach. Lepsze miejsca, bardzo często przed podium, otrzymują tylko osoby, które lepiej zapłaciły, osoby o dobrej reputacji, dobrej pozycji społecznej, osoby nazywane "VIP-ami" (Very Important Person).

Co robisz, gdy skończy się sok z cytryny?

Kiedy czujesz się odrzucony w społeczeństwie, opuszczony przez swoje własne, zaniedbane. Czujesz, że nie jesteś już brany pod uwagę. Twój głos nie jest już słuchany, twoje sugestie nie są brane pod uwagę. Weź swój ból cierpliwości, wiedz, że cytryna jest ważna tylko wtedy, gdy jest sok.

Pamiętaj, że firma da ci miejsce tylko wtedy, gdy będziesz miał coś do zaoferowania.

Niezależnie od sytuacji, skup się, trzymaj się swoich celów. Pamiętaj, że ludzie wokół ciebie będą widzieć tylko konsekwencje, ale będą zwracać mniejszą uwagę na przyczyny rzeczy.

Świat wokół nas nie poświęca czasu na zastanawianie się nad tym, co skłoniło człowieka do takiego działania, ale zawsze będzie gotowy do krytyki i usankcjonowania konsekwencji.

Ludzie będą się mniej martwić o rzeczy, które sprawiły, że skończyły się wam soki, będą mieli skłonność po prostu was wyrzucić.

Cokolwiek by to nie było, nie traćcie z oczu swoich celów.

Nie pozwól, by ludzie, których spotykasz w swoim życiu, ściągnęli cię w dół. Nie zniechęcajcie się tak bardzo, gdy stwierdzicie, że jesteście otoczeni przez ludzi, którzy nie są prawdziwi, ale miejmy nadzieję, że zaufacie jednemu lub dwóm prawdziwym ludziom wokół was, którzy zawsze będą chcieli waszego szczęścia, bo anioły istnieją.

Niektórzy pozostaną z tobą dla różnych korzyści. Niektórzy przyjdą do waszego życia tylko po to, by mieć ze sobą dzieci, wziąć wasze imię i odejść, inni przyjdą po to, by się zabezpieczyć i zmienić swój status społeczny, jeszcze inni mogą użyć inteligencji lub światła, które w was odbija się.

Bez względu na to, jak osoba wejdzie w twoje życie, jeśli ta więź nie jest związana głębokim pragnieniem serca, związek nigdy nie zajdzie daleko.

Powiedzenie Luba, plemię w centrum DR CONGO, mówi: "Igła złapana w grze, zawsze gubi się w niej.

Początek związku determinuje również jego koniec. Wiedza o tym, jak spotkać właściwych ludzi, we właściwym czasie, w odpowiednich miejscach, jest cechą charakterystyczną udanych relacji.

Więc, co robić? W swoim cierpieniu, poświęć czas na przeanalizowanie swojej sytuacji.

Jeden z największych myślicieli Ameryki, Vincent Paul Norman, powiedział: **"Każdy problem zawiera w sobie ziarno własnego rozwiązania.**

Jest to bardzo dobry opis procesu, który należy przeprowadzić, aby rozwiązać trudny problem:

trzeba **wierzyć, poznawać i zastanawiać się... Innymi** słowy: wiedza, refleksja, wiara.

Początek rozwiązania każdego problemu zaczyna się od **poznania faktów**. Kultywujemy wiedzę o sobie, naszych wartościach, naszych potrzebach, naszych ambicjach, wiedzy o ludziach wokół nas, ich oczekiwaniach, pragnieniach, lękach i ambicjach. Wiedza o sytuacji, o środowisku, w którym się rozwijamy.

Musimy włączyć radar wewnątrz nas, aby dowiedzieć się, co naprawdę dzieje się w nas i wokół nas, gdy zbliżamy się do rozwiązania każdego problemu.

Więc zastanów się trochę. Zastanów się nad przyczynami, konsekwencjami i rezultatami wszelkich działań, które chcemy podjąć. Myśląc o podjęciu decyzji, należy wziąć pod uwagę technikę zwaną **"decyzją całego ciała"**. Ta technika wymaga uwzględnienia wszystkich ważnych części ciała, aby w końcu podjąć dobrą decyzję.

Przy podejmowaniu decyzji, **"decyzja całego ciała"** zaleca się korzystanie z naszego mózgu, serca i jelit.

Mózg: jest tą częścią ciała, która pozwala nam zastanowić się nad faktami, rozważyć to, co jest prawdziwe, logiczne, racjonalne, spójne. Mózg jest w centrum rozumu. Według badań US Army, żołnierz, który używa swojego mózgu w polu działania, ma szczęście, że ma 70% powodów do podejmowania tych decyzji. Podczas gdy 70% dla żołnierza, który musi unikać kul, ataków przeciwnika, ten procent nie jest wystarczający.

Serce: jest centrum urazy, uczucia, wibracji. Serce jest tą częścią ciała, która ma silny impuls siły elektromagnetycznej. Wykazano, że serce może się komunikować, czuć impulsy na 608 metrach wokół siebie. Serce może czuć strach, radość, silne emocje, pozytywne lub negatywne. Podejmując decyzję, trzeba być uważnym na wszystkie te emocje, ale też umieć je oswoić.

Jelita: są w brzuchu, gdzie czujemy strach i instynkt do rzeczy. Często czujemy strach w brzuchu. Jelita w brzuchu mają taki sam kształt jak te w mózgu. To jak mieć dwa mózgi, jeden w brzuchu i jeden w głowie.

Decyzja całego ciała" zaleca zwrócenie uwagi na wpływ wszystkich tych części ciała, a nie tylko jednej, w celu podjęcia właściwej decyzji.

Aby być właściwym w podejmowaniu decyzji, nie wystarczy tylko rozsądek, tylko uczucia lub tylko intuicja. Musisz rozważyć cały obraz.

To znaczy, chyba tak. Musisz uwierzyć, że cud istnieje. Musisz wierzyć, że wszystko jest możliwe, nawet w ostatniej chwili. Musimy wierzyć, że jest jeszcze nadzieja na powrót na rynek pracy, na powrót wśród ludzi w dobrym zdrowiu, na powrót wśród ludzi, którym możemy ponownie zaufać. Musimy wierzyć, że koniec wszystkiego zawsze będzie lepszy.

Wiedza, refleksja i wiara są podstawowymi kluczami do rozwiązania wszystkich naszych problemów.

Nadaj jej ponownie sens życiu, miej nowe marzenie.

"*Życie jest za krótkie, by być małym*" **Benjaminie Disraeli.**

Nie możesz skończyć tam, gdzie nigdy wcześniej się nie widziałeś.

Aby przywrócić swoje życie na właściwe tory, trzeba znów marzyć, wyznaczać nowe cele.

"Mam marzenie" Martina Luthera Kinga jest ponadczasowe. Nikt nigdy nie będzie wiedział, gdzie nie chciał być w swoim życiu.

Trzeba marzyć, marzyć i marzyć o czymś więcej, a jednocześnie wyznaczać cele, terminy, działania do wykonania. Wiedząc, że sen bez działania jest tylko iluzją.

Ludzie, którzy odnoszą sukcesy i rozwiązują swoje problemy wiedzą, że istnieją dwa rodzaje nawyków, których należy unikać i dwa rodzaje błędów, których należy się wstydzić.

Te nawyki prowadzą do niepowodzenia: **zwlekania i samowoli.**

Prokrastynacja: to jest wtedy, gdy człowiek zawsze odkłada do jutra to, co musi zrobić dzisiaj.

Być Velléitaire'em: To jest wtedy, gdy człowiek ma wiele pomysłów, wiele projektów bez ich realizacji. Łańcucha pomysłów. Codziennie ma nowy pomysł, nawet jeśli nie zrealizował jeszcze pomysłu czy projektu, który miał jako pierwszy.

Pamiętam przyjaciela z uniwersytetu, bardzo inteligentnego, z pasją i uzdolnionego we wszystkim, co związane z IT. Miał bardzo piękny pomysł na zaprojektowanie pokazu gier, modela geniusza w tworzeniu, pytanie do mistrza, które miało zaangażować wszystkich uczniów i studentów miasta Kinszasa w DR Kongo. W meczu musiał wziąć udział duży kanał telewizyjny i mieć sponsora w postaci spółki krajowej. Kiedy był w trakcie tego procesu, pojawiły się pewne trudności, podczas gdy on starał się je rozwiązać, więc został zainspirowany do stworzenia kolejnego projektu, pozostawiając ten, na którym spędzał czas, już myślał o rozpoczęciu kolejnego dobrego pomysłu na kreskówki. Żaden z pomysłów nie został zrealizowany, jest to rezultat niejasnego pragnienia.

Ale kiedy już podejmie decyzję, aby przejść całą drogę, w oparciu o jeden pomysł, jeden projekt. Nic go nie powstrzyma i nie będzie żadnej porażki.

Należy zauważyć, że bez względu na to, ile dobrych pomysłów i dobrych projektów możemy mieć, jeśli nie podejmiemy działań, będzie to bezużyteczne. Żaden sukces nie może nastąpić tylko na podstawie marzeń lub dobrych intencji.

Mówią, że nawet piekło jest pełne dobrych intencji.

Jak można przestać być złym?

Był taki młody człowiek, który skończył studia, po kilku próbach nadal nie mógł znaleźć pracy. Zniechęcony, przyszedł zobaczyć się ze mną w moim biurze. W tym czasie byłem dyrektorem Urzędu Wsparcia Zatrudnienia centrum autonomii.

Więc ten zniechęcony, nie zmotywowany młody człowiek powiedział do mnie:

Panie dyrektorze, proszę załatwić mi pracę. Robię wszystko, co mogę. Nic się nie udaje. Nawet gdy drzwi są otwarte dla wszystkich, muszę tylko dostać się do tego miejsca, a potem zamykają na mnie drzwi''.

Mówię do tego młodego człowieka tymi słowami:

Moja rola nie polega na tym, by znaleźć dla ciebie pracę, ale by pomóc ci coś zrobić, by znaleźć pracę i stać się niezależnym".

Potem dodaję to:

"Jeśli chcesz być samowystarczalny, musisz przestać być nieudacznikiem.

Widziałem, jak animujesz bardzo dobre pomysły, bardzo dobre intencje, ale nie możesz ich realizować jeden po drugim.

Wcześniej zdecydowałeś się na kurs angielskiego, który zacząłeś i nie skończyłeś. Potem pomyślałeś o szkole nauki jazdy, ponieważ uważałeś, że nauka jazdy zwiększy twoje szanse na szybkie znalezienie pracy. Zrobiłeś teorię szkoły jazdy, ale jak na razie masz problemy ze zdaniem egzaminu i uzyskaniem prawa jazdy.

Dam ci przepis, który, jak sądzę, zadziała na wszystkich, co **Tim** Ferris, amerykański pisarz i biznesmen, nazywa **Chrono-Dream**.

Chodzi o ograniczenie twoich marzeń w czasie i przestrzeni. Prosta i skuteczna metoda, którą każdy może zrobić".

Następnie poprosiłem młodego człowieka, aby zrobił listę 5 rzeczy, które musi zrobić przez następne 6 do 12 miesięcy. Poprosiłem go, aby zadał sobie te pytania w celu zidentyfikowania rzeczy, które musiał zrobić:
Jakie 5 rzeczy marzysz o tym, by mieć w ciągu najbliższych 12 miesięcy?

Jakie są 5 kwalifikacji, o których marzysz za 12 miesięcy?

Jakie jest 5 najlepszych rzeczy, o jakich marzysz w ciągu najbliższych 12 miesięcy?

Ta zasada "**Chrono rêve**" naprawdę opiera się na posiadaniu jasnej wizji tego, gdzie chcesz być w ciągu najbliższych 12 miesięcy.

To, co chcemy mieć, być i robić. Następnie ustalamy te cele, które mają być osiągnięte.

W procesie dokonywania czegoś, zazwyczaj boimy się popełniać błędy, kiedy nigdy nie powinniśmy ich unikać.
Są dwa rodzaje błędów, które wszyscy możemy popełnić.

Pierwszy jest **błędem ambicji**. Ten błąd popełniany jest, gdy jesteśmy zmotywowani, by coś osiągnąć, by działać. Ponieważ brakuje nam pełnych informacji o tym, co chcemy osiągnąć, możemy popełnić ten błąd. Trudno jest mieć wszystkie informacje, których pragniemy, więc brak precyzji, brak ważnych informacji może doprowadzić nas do popełnienia błędów ambicji. Ten błąd należy popierać. Jak **mówi Ingvar Kamrad, tylko ci, którzy śpią, nie popełniają błędów.**

Drugim błędem jest ten, którego należy unikać. To **błąd lenistwa**. Dzieje się tak, gdy unikamy robienia czegoś ze strachu, z ignorancji, ze zbyt wielkiej iluzji. Kiedy unikamy ewolucji i pozostawiamy negatywną sytuację, kiedy mamy wszystkie informacje, których potrzebujemy, aby iść naprzód, ale chcemy pozostać w status quo. To właśnie poprzez komentowanie tego błędu wiele osób pozostaje w źle płatnych pracach, nędznych małżeństwach, bezproduktywnych związkach.

Podsumujmy niektóre z zasad wymienionych w tym rozdziale:

1. *Cytryna ma znaczenie tylko wtedy, gdy ma sok.*
2. *Ten świat jest miejscem spotkania dawania i otrzymywania.*
3. *Czasami trudno sobie uświadomić z goryczą, że będziesz ważny tylko wtedy, gdy będziesz miał coś ważnego w swoich rękach.*
4. *Albo jesteśmy kochani, albo nigdy nie kochamy za nic. Zawsze jest jakiś interes.*
5. *Ludzie odnoszący sukcesy i rozwiązujący problemy wiedzą, że istnieją dwa rodzaje nawyków, których należy unikać. Te nawyki prowadzą wprost do niepowodzenia:* ***zwlekania i słabej woli.***
6. *Praktykując zasadę* **Chrono-Dream.**
7. *Chodzi o ograniczenie twoich marzeń w czasie i przestrzeni.* Prosta i skuteczna metoda, którą każdy może zrobić.
8. **Decyzja dotycząca całego ciała"** zaleca zwrócenie uwagi na wpływ wszystkich części ciała, a nie tylko jednej, aby w końcu podjąć właściwą decyzję.
9. Aby być właściwym w podejmowaniu decyzji, nie wystarczy tylko rozsądek, tylko uczucia lub tylko intuicja. Konieczne jest uwzględnienie tego wszystkiego w całości.
10. Dwa rodzaje błędów, błędy ambicji i błędy lenistwa. Pierwszy nie do uniknięcia, drugi do uniknięcia.
11. Ingvar Kamrad: "Tylko ci, którzy śpią, nie popełniają błędów.

Rozdział 4. Pozbądź się rzeczy, które zagracają ci życie.

Poświęcamy nasze życie temu, na co poświęcamy nasz czas. Tu, na ziemi, podlegamy czasowi. Mamy też wolną wolę i możemy z naszym czasem robić, co chcemy.

William R. Bradford.

"Natura nie znosi próżni."

W ciągu naszych dni, główną działalnością każdego z nas jest wypełnianie naszych pustek, walka z nudą.

Mężczyzna źle się czuje, że nic nie robi. Zawsze znajdziemy coś do zrobienia. Albo oglądamy telewizję, albo czytamy książkę, kiedy skończymy, chcemy iść na spacer, jak tylko wrócimy do domu, mamy w ręku telefon, który przyciąga naszą uwagę.

Zwłaszcza smartfony i portale społecznościowe pochłaniają tak wiele z naszego życia. Ktoś powiedział, że żyjemy **"głową w dół pokolenia"** z naszymi smartfonami.

Wszędzie na ulicy, na nabożeństwach, w kościele, w metrze, zawsze znajdą się ludzie, którzy pokłonili głowy w pogawędkach, naprawdę "głową w dół pokolenia".

Mamy więc głowy w dół, nawet w przenośni, możemy łatwo zgubić się na drodze, wpadając na siebie w tym, co robimy.

W tym świecie pełnym hałasu, zawodów, rozproszenia uwagi, niezrozumienia, coraz trudniej jest znaleźć czas dla siebie, medytować.

Wszyscy mamy tendencję do robienia czegoś w każdej minucie.

"Natura nie znosi pustki."

Nawet pusty dom miałby pająki, które by go zajmowały, gdyby zbyt długo pozostawał pusty.

To prawda sama w sobie, natura nie lubi próżni. Nawet kobieta lub mężczyzna, który był przez długi czas sam, znajduje inną alternatywę, aby wypełnić tę pustkę. Jeśli chce pozostać wierny swojemu partnerowi, wirtualna miłość może pełnić funkcję paliatywną.

Niestety jesteśmy wokół intensywnych hałasów, gubimy się.

Historia mieszkańców Aten tak dobrze pokazuje to w Dziejach Apostolskich, gdzie jest napisane: **"Teraz wszyscy Ateńczycy i cudzoziemcy mieszkający w Atenach spędzali czas tylko na rozmowach i słuchaniu wiadomości"**.

Mieszkańcy Aten, którzy spotykali się, aby otrzymywać wiadomości, bardziej interesowali się rzeczami, które nie rozwiązywały codziennych problemów ich życia. Ale byli bardziej otwarci na sensacyjne wiadomości, wiadomości, które rzuciły się w oczy. Chociaż spotykali się i dzielili wiadomościami, było więcej hałasu, który powstrzymywał ich od rozeznania, co tak naprawdę było dla ich własnego dobra.

Kiedy apostoł Paweł przeszedł wśród ludu Aten... Jego przesłanie koncentrowało się na zmartwychwstaniu Jezusa Chrystusa. Kiedy tłum zrozumiał religijną naturę jego przesłania, jedni z niego kpili, inni odrzucali go po prostu mówiąc: **"Usłyszymy o tym innym razem"**.

Nie mieli więc czasu na to, co wydawało im się nieracjonalne, gdy w głębi duszy mogli ich uratować. Paul opuścił Ateny bez powodzenia.

Dziekan Fréderic Farrar napisał o tej wizycie: "Nie **znalazł żadnego kościoła w Atenach, nie napisał żadnego listu do Ateńczyków i chociaż często przejeżdżał przez okolice Aten, nigdy więcej nie postawił tam stopy. »**

Człowieka pociągają tylko wiadomości. Cały czas zadaje sobie pytanie, co się wokół nas znowu dzieje? Jakie są wieści w Ameryce, Afryce, Europie? Ale czasami konsumujemy więcej hałasu niż rzeczy, które są użyteczne dla naszego życia. Zbytnio zagracamy nasze życie rzeczami, które nie są ważne.

Naszym codziennym obowiązkiem przed pójściem spać jest zawsze zapytać w tych wszystkich hałasach, które otaczają dzień, czego się nauczyłem?

Podobnie jak mieszkańcy Aten, wychowałem się w dzielnicy zwanej Mama

Yemo, w Kinszasie, w DR Konga. Kiedy byliśmy młodymi nastolatkami, mieliśmy miejsce, gdzie wszyscy młodzi ludzie z tej okolicy spotykali się prawie codziennie wokół wielkiego kamienia zwanego **"Berlinem"**. Wszyscy młodzi ludzie z tej dzielnicy nazywali się **Berlinczykami**.

Spędziliśmy długi dzień dyskutując jak ludzie z Aten wokół tego kamienia. Byliśmy też bardzo zaniepokojeni pewnymi wiadomościami.

Jeden po drugim. Młodzi i starzy. Większość z nas wróciła ze szkoły wieczorem, wszyscy zebrali się tam, dyskutując na różne tematy społeczne: muzyka, sport, ogólna kultura, polityka, itp.

Czasami zostawaliśmy późno w nocy, hałasując, rodzice przychodzili i rozpraszali nas, żeby iść spać.

My, młodzi ludzie tamtych czasów, teraz jesteśmy rodzicami. Chętnie wspominamy piękne chwile, które spędziliśmy wokół Muru Berlińskiego.

Ta ściana miała też tę pozytywną stronę, gdzie poza przyjemnością spotkania, uczyliśmy się od siebie nawzajem. Niektórzy z nas pochodzili z dobrych rodzin, chodzili do bardzo dobrych szkół i mogli wrócić i podzielić się z nami tym, czego nauczyliśmy się w szkole, którzy pochodzili z rodzin skromnych i nie mieli takich samych środków na chodzenie do tych samych szkół. Wokół tych hałasów mogliśmy dzielić się wiedzą, która później dobrze nam służyła w życiu.

Większość z tych młodych ludzi pochodziła z Berlina, dzielnicy Kinszasy, która nie miała nic wspólnego z wieloma innymi dzielnicami wielkiego miasta, ale w tym czasie w wielu obszarach wyprzedzaliśmy grę. Byliśmy siłą młodości. Nie było tematu, który byłby odłożony na bok, od polityki do religii, od sportu do faktów społecznych. Mur berliński uczynił z nas w większości kadrę kierowniczą w różnych dziedzinach życia społecznego. Obecnie jesteśmy rozproszeni po całym świecie, ale wciąż mamy dobre wspomnienia z naszego dzieciństwa wokół tego muru berlińskiego.

Wokół szumów, które nas otaczają, które zagłuszają nas codziennie, musimy zadać sobie pewne pytania, które powinny pozwolić nam zorganizować nasze życie.

Czego muszę się pozbyć, żeby uwolnić swoje życie od tego, co je spieprzyło?

Czasami otaczamy się bardzo bezużytecznymi rzeczami wokół nas. Albo stare garnki i patelnie, których już nie używamy, stare karoserie samochodowe na działce, ubrania, których już nie nosimy, a które moglibyśmy włożyć z powrotem do sklepów charytatywnych, ale trzymamy się ich.

Jeszcze dalej mamy przyjaciół, którzy są dla nas bezużyteczni i po prostu zagracają nam życie.

Otaczają nas odgłosy muzyki, informacje z mediów, interesujemy się pewnymi hobby, które naprawdę zagracają nam życie.

Po pierwsze, pozbądź się informacji, które zagracają ci życie.

Jest wiele rzeczy, o których mądry człowiek może chcieć być nieświadomy", powiedział ***Ralph Waldo Emerson.***

Rozwój selektywnej ignorancji

Pierwszą rzeczą, która na co dzień zakłóca nasze życie, są ***media.***

Niezależnie od formy, mediów internetowych, drukowanych i audiowizualnych. Zagracają nam życie.

Sam jestem wyszkolonym dziennikarzem. Przez ponad pięć lat musiałem pracować w tym zawodzie w telewizji i prasie drukowanej. Więc nie zamierzam minimalizować tej pracy.

Jestem tylko po stronie konsumentów i próbuję zasugerować, co można by zrobić lepiej w obliczu szumu tego medialnego wiru.

Pośród medialnego szumu gazet, wiadomości w majtkach, które są nadawane co pięć minut w naszych radiach, naszych telewizorach. Musimy zawsze zadawać sobie pytanie, czy to ważne, by wiedzieć wszystko? Nie, to nie ma znaczenia.

To bardzo ważne, aby wiedzieć o wszystkim, co jest przydatne w naszym życiu.

Musimy rozwinąć selektywną ignorancję. Pozbyć się bezużytecznej wiedzy.

Aby pozbyć się medialnego szumu, który zagradza nam życie, musimy zamiast tego zastosować **selektywną ignorancję.**

To pojęcie **selektywnej ignorancji** propagowanej przez Timothy'ego Ferrisa, słynnego amerykańskiego autora, zachęca nas *do postawienia się na suchą dietę informacyjną.*

Czasami nie musisz wiedzieć wszystkiego.

Wydarzenie pomogło mi lepiej zrozumieć tę zasadę w codziennym życiu. Pewnego dnia, dostałem telefon od przyjaciela. Ona szlochała. Ona płakała i nawet nie powiedziała ani słowa. Zdania, które wypowiadała, ledwo wychodziły na jaw. Wszystko, co słyszałem, powiedziała Russell, on to zrobił.

Próbowałem zapytać, kto co zrobił, ale ona nalegała, twoja przyjaciółka zrobiła. Zdradzał mnie z inną kobietą. Byłem bez mowy i słuchałem mojego przyjaciela. Opowiedziała tę małą historię. Potem ciągle płakała. Chociaż cierpiała, powiedziała, że chcę tylko, żeby twój przyjaciel powiedział mi, ile razy to robił. Dlaczego zaszedł tak daleko? Jakiego dnia to się stało? Gdzie oni to zrobili?

Powiedziałem bezpośrednio mojemu przyjacielowi, że rozumiem, że jest to trudne do przeżycia, zwłaszcza dla ciebie, aby kontrolować siebie, ale spokojnie, w tym momencie, te szczegóły nie będą przydatne dla Ciebie! One nie są ważne.

Przypomniałem mu o słowach **Roberta J. *Sawyera, który powiedział, że nauka ignorowania rzeczy jest jedną z wielkich dróg do wewnętrznego pokoju.***

Wtedy pomysł Tima Ferrisa przyszedł mi prosto do głowy. Powiedziałem mu, wiesz co może ci teraz pomóc? Powiedziała mi, co? Powiedziałem, że byłoby to trudne, ale postaraj się trzymać w ścisłej diecie informacje na temat tego incydentu. Radzę ci być **wybiórczo ignorantem** tego wydarzenia. Naprawdę wybierz to, co warto wiedzieć. W przeciwnym razie, im więcej znasz szczegółów, tym bardziej będzie bolało, a tym trudniej będzie zebrać te kawałki.

Ale bardzo wątpię, żeby skorzystała z tej rady. Jej serce płonęło tak mocno, że za wszelką cenę chciała wiedzieć wszystko. Często, w obliczu rozczarowania, mamy tendencję do robienia czegoś odwrotnego od tego, co nam się zaleca.

Ten przykład ilustruje, że gdy chcesz poznać wszystkie szczegóły dotyczące zdrady partnera. To niczego nie rozwiąże, ale raczej nadal będzie wpędzać oszukanego w głęboką udrękę. Szczegóły w pewnych obszarach mogą cię zabić.

"Diabeł tkwi w szczegółach", mówią.

Aby powrócić do selektywnej ignorancji, która ma być zastosowana do mediów. Należy odłożyć na bok to, co nie jest ważne w mediach. Nie musisz spędzać dużo czasu przed gazetami, telewizją, radiem, internetem.

Ten czas można zastąpić pozytywnymi zajęciami, takimi jak rozmowy z małżonkiem, spacery i przejażdżki z przyjaciółmi, zabawy z dziećmi.

Wiadomości w telewizji, radiu i internecie zwiększają nasz stres. W mediach jest coraz mniej dobrych wiadomości.

Potrzeba czasu, żeby zjeść wiadomości.

Wystarczy włączyć telewizor i śledzić poranne wiadomości, usłyszysz, że w takim i takim zakątku dzielnicy, w taki i taki rejon świata uderzyło trzęsienie ziemi. Jeden kraj przygotowuje się do ataku na inny.

Informatycy umieszczają na nas zbyt wiele danych, większość z nich pochodzi z niewłaściwych źródeł.

Nie sugeruję, abyście pozostali ignorantami, albo trzymali się z dala od wszystkich mediów, ale aby mieć satysfakcjonujące życie, mniej stresu, musicie wybrać to, co jest użyteczne do spożycia w mediach. Media zagłuszają nasze życie.

Przepływ informacji i hałas powodowany przez media zwiększa nasz stres. A jednak **dr Hebert Benson** z Instytutu Medycznego Uniwersytetu Harvarda stwierdził, że 80% przeprowadzonych przez niego konsultacji lekarskich jest związanych ze stresem, a 60% do 80% wypadków przy pracy jest również związanych ze stresem.

Uciekaj z życia tego, co go zagradza, aby uniknąć stresu. Pozbądź się uciążliwych mediów i wybierz życie w wybiórczej ignorancji.

Po drugie, aby pozbyć się tego, co ją zagraca, zrewidować swój harmonogram.

"Poświęcamy nasze życie temu, na co poświęcamy nasz czas.

W tym życiu, podlegamy czasowi. My też mamy wolną wolę. Więc możemy robić co chcemy z naszym czasem.

Odłożyć na bok wszystko, co marnuje czas, takie jak bezużyteczne rozmowy telefoniczne, koty, które nic nie przynoszą, sterylne dyskusje w zakamarkach alei, nieszkodliwe relacje.

Następnie unikaj wszystkiego, co pochłania Twój czas, np. powtarzających się zadań, bezproduktywnych spotkań i wizyt.

Nie toleruj głupców i imbecyli, ryzykujesz, że staniesz się jednym z nich, jak tak trafnie ujął to Tim Ferriss.

Ważne jest również, aby zadać sobie pytanie, co robimy w wolnym czasie?

Pozbądź się przyjaciół, którzy zagracają ci życie.

Jest takie powiedzenie: przyjaciele są jak książki, trzeba mieć kilka, ale dobrych.

Są związki, które nie działają. Przyjaciele, którzy nas nie wychowują. Sprawy miłosne, które stały się prawie toksyczne. Przyjaźnie, które stały się ciężarem do zniesienia. Te związki zakłócają nasze życie. Musimy się ich pozbyć. Innymi słowy, musimy się ich pozbyć tak szybko, jak to możliwe.

Otocz się ludźmi, którzy ci ufają, którzy w ciebie wierzą, którzy mogą cię wyrzucić ze śmieci, gdzie miałeś dostać to, co najlepsze, co masz i jesteś.

Zidentyfikuj możliwie jak najmniejszą liczbę przyjaciół, którzy przynoszą Ci więcej szczęścia, trzymaj się jak najmniejszej liczby przyjaciół, którzy przynoszą Ci mniej problemów, ale przyczyniają się do większej ilości rozwiązań Twoich problemów.

Zanim przeczytasz te słowa, po prostu spójrz na swoją książkę telefoniczną, zobaczysz, że jest ponad sto niepotrzebnych kontaktów.

Wystarczy spojrzeć na swoje konto na Facebooku, Instagram, Twiter, zobaczysz, że masz ponad 300 kontaktów, które nie mogą nawet kupić ci kanapki za 5 dolarów, jeśli jesteś głodny. Nie masz nawet 50 bezpiecznych kontaktów, które mogą wpłacić 100 dolarów kaucji, jeśli jesteś gdzieś zamknięty. Możesz nie mieć 20 bezpiecznych kontaktów, które mogą po prostu zadzwonić, aby cię pocieszyć, gdy jesteś chory. Musisz pozbyć się tego rodzaju ludzi, niepotrzebnie zagracają ci życie.

Pozbądź się tych małych demonów w swoim życiu. Tutaj, małe demony naszego życia, to są te złe nawyki, które rozwinęliśmy i które mogą nas zniszczyć.

Pornografia, chorobliwa zazdrość, narkotyki, przemoc, brutalność, każdy rodzaj uzależnienia może stać się naszymi małymi demonami, które trudno jest pokonać.

Każdy człowiek ma wiele wad, ale tylko garść mocnych stron. Aby móc odlatywać i kwitnąć, musimy bardziej skupić się na tych kilku mocnych stronach. Sprawiać, by się doskonaliły, a nie spędzały czas na ich wykonywaniu, robieniu tych samych rzeczy w kółko, rozwijaniu tych samych nawyków, które niszczą naszą osobowość, nawyków, które nie pozwalają nam odlecieć, zachowań, które zagrażają naszemu życiu i przyszłości.

Pozbądź się tych starych rzeczy, które zagracają ci życie. Ważne jest, aby uporządkować nasze przedmioty, materiały, uporządkować to, co jest konieczne i co jest zbędne.

My zaśmiecamy nasze życie rzeczami, które nie są już dla nas przydatne, ale trzymamy je z dala od nostalgii.

Wystarczy rozejrzeć się wokół nas, w naszych domach, na naszej działce, w naszych sklepach, są tony rzeczy, które nie są już dla nas przydatne. Rzeczy, które są głupio spiętrzone i niepotrzebnie zajmują miejsce. Rzeczy, które uniemożliwiają nam wietrzenie, gdy narzekamy, że nie mamy wystarczająco dużo świeżego powietrza. Rzeczy, które nas plądrują i czynią z nas więźniów.

Lista jest długa, może to być stary samochód Mercedesa zaparkowany na działce, która nie zacznie się przez lata, ubrania, których już nawet nie nosimy, lalki dziecięce piętrzyły się, kiedy nie mieliśmy już małych dzieci w domu, meble, takie jak szafy, czarno-biały telewizor z lat 80. że nigdzie nie znajdziesz części zamiennych.

Dopiero gdy pozbędziemy się tych rzeczy, zdamy sobie sprawę, jak bardzo rozpraszały one uwagę, jak zajmowały przestrzeń nie tylko fizyczną, ale i psychiczną.

Ważne jest, aby zawsze regularnie porządkować rzeczy, które nie są już dla nas przydatne, ale możemy uśmiechać się do innej osoby.

Koszulka, której już nie nosimy, raz podrzucona w sklepie charytatywnym, może stać się strojem imprezowym dla człowieka.

Jest stare powiedzenie: ***"Co jest niczym dla jednego człowieka,*** może być ***wszystkim dla drugiego"*** (jeden człowiek nic, może być człowiekiem wszystko).

Dziewczyna (chłopak), którą zaniedbujemy, że znajdujemy, że on nic dla nas nie znaczy, może kobieta (mężczyzna), która znaczy wszystko dla drugiej osoby.

Tak jak my zwalniamy miejsce w naszych telefonach usuwając aplikacje, zdjęcia i pliki, które są dla nas bezużyteczne, tak ważne jest, aby zwolnić miejsce w naszych związkach, domach, starych rzeczach i niektórych naszych nawyków.

Teraz, gdy dowiedzieliśmy się, jak pozbyć się tego, co zagradza nam życie, przypomnijmy sobie niektóre z pomysłów wymienionych w tym rozdziale:

1. Poświęcamy nasze życie, na co poświęcamy nasz czas. Jakość tego, na co poświęcasz swój czas, decyduje o jakości twojego życia.
2. Natura nie znosi próżni. Uważajcie, zawsze będzie coś do wypełnienia.
3. Pozbądź się informacji, które zakłócają twoje życie.
4. W obliczu przeciążenia mediów należy rozwijać selektywną ignorancję.
5. Diabeł tkwi w szczegółach. Czasami nie jest ważne, by wiedzieć wszystko.
6. Pozbądź się przyjaciół, którzy zagracają ci życie. Przyjaciele są jak książki, musisz mieć kilka, ale dobrych...

UAKTUALNIC JEGO STAN UMYSLU

Każdy człowiek jest tam, gdzie jest przez prawo swojej istoty, myśli, które zbudował w swoim charakterze sprowadziły go tam, a w układzie jego życia nie ma żadnego elementu przypadku, ale wszystko jest wynikiem prawa, które nie może być zmienione.

James Allen.

Rozdział 5. Dla własnego szczęścia, zaakceptuj to, czym jesteś.

"Można mieć sympatię do przyjaciół i do prawdy, ale moralność polega na dawaniu pierwszeństwa prawdzie".

Arystotelesie, W etyce do Nikomacheusa.

Jestem zmuszony podzielić się osobistą anegdotą. Pewnego ranka, złapany głęboko w samotności, sam w moim pokoju w domu dla uchodźców w Anglii, gdzie byłem zakwaterowany. Miałam czas głębokiej medytacji nad sytuacją, której wtedy doświadczyłam. Znalazłem się sam, z dala od mojej żony i dzieci.

Tego ranka miałem bardzo negatywne uczucia do siebie, co jest dla mnie bardzo rzadkie.

Obudziłem się bardzo smutny tego ranka. Zastanawiałem się nad niektórymi wyborami, których do tej pory dokonywałem w swoim życiu.

Trochę czasu zajęło mi zrobienie bilansu tego, ile miałem lat trzydzieści. Miałem żonę i dzieci, które mieszkały prawie pięć lat z dala ode mnie. Właśnie straciłem bardzo ciekawą pracę na stanowisku o dużej odpowiedzialności. Tego ranka znalazłem się w Anglii w koszmarnym procesie imigracyjnym, którego nie wiedziałem, kiedy wydostanę się z tego labiryntu.

Zdałem sobie sprawę, że przez całe życie nie miałem prawdziwych przyjaciół, na których mógłbym naprawdę polegać. Przez wiele lat byłem otoczony przez ludzi, którzy nie byli prawdziwi. W rezultacie, nikogo tam nie było, kiedy miałem ciężki okres.

Zastanawiałem się głęboko nad niektórymi z popełnionych przeze mnie błędów, które postawiły mnie w tej niewygodnej sytuacji. Błędy, które mogły kosztować moje małżeństwo, moją wiarę w Boga, moje zdrowie.

Ale przy nieco większej refleksji zdałem sobie sprawę, że niektóre z tych błędów były nie tylko negatywne, ale przyniosły pewne możliwości i osiągnięcia.

W tym czasie miałem niekończące się kłótnie z żoną, które rujnowały moje dni. Ze względu na dużą odległość od siebie, te argumenty były bardziej spowodowane wieloma punktami spornymi, które albo ona, albo ja ujawniliśmy.

Po kilku analizach, w moich mękach, stwierdziłem, że problemem do moich nieszczęść byłem ja. Jedyną osobą, którą można winić byłam ja.

Zrozumiałem, że są dwie rzeczy, które muszę w sobie poprawić: **moja dobroć i sposób, w jaki radzę sobie z różnicami zdań z innymi.**

Szybko wstałem z łóżka i dobra wiadomość jest taka, że wciąż mam przed sobą życie. Jeśli chciałam być szczęśliwa przez resztę moich sześćdziesięciu lat przed sobą, musiałam ponownie przemyśleć sposób, w jaki zarządzałam swoimi relacjami z innymi.

Moja przytłaczająca dobroć wynikała z faktu, że w funkcjonowaniu mojego umysłu, już poprzez swoją edukację, myślałem, że moje szczęście powinno być pełne dopiero wtedy, gdy odpowiem pozytywnie na wszystko, o co prosili mnie ważni ludzie w moim kręgu (rodzina, przyjaciele).

Pasjonowało mnie zadowolenie każdego, kto przyszedł do mnie z problemem. Robiłam to do czasu, gdy straciłam pracę z powodu przyjaciela, któremu postanowiłam pomóc, gdy później okazało się, że w innych związkach nie miał racji.

Musiałem zaktualizować swój sposób działania i widzenia rzeczy, zaktualizować niektóre z funkcji w mojej głowie.

W tym rozdziale opisuję niektóre z kroków, które podjęłam, aby rozwiązać swój problem i zbudować własne szczęście.

Te kroki mogą ci również pomóc.

Dla własnego szczęścia, zdecyduj się być prawdziwy.

Myślę, że najważniejszą rzeczą w naszych relacjach z innymi jest to, aby były one prawdziwe.

Czasami nasz system myślowy zachęca nas do bycia miłymi, bardziej niż do bycia prawdziwymi.

Czasami mówimy "tak", gdy powinniśmy byli powiedzieć "nie". Zabijamy się, by zadowolić drugiego.

Przestań być miły, ale bądź prawdziwy" to tytuł książki napisanej przez **Thomasa D'Ambourga**, belgijskiego pisarza, psychologa i zwolennika "Non Violent Communication" (NVC).

Kiedy zdałem sobie sprawę, że muszę zmniejszyć swoją dobroć i stać się coraz bardziej realny, postanowiłem wziąć udział w kilku konferencjach tego autora i przeczytać jego książkę, która pomogła mi zrozumieć, że muszę wzmocnić swoją zdolność do bycia realnym w moich związkach.

Thomas D'Ambourg, odpowiada na pytanie, jak jedna osoba może iść przeciwko drugiej, pozostając sobą?

Zrozumiałem, że mogę zaspokoić niektóre z żądań wpływowych ludzi w moim kręgu i nadal być sobą.

Większość ludzkich nieszczęść wynika z tego, że był zbyt uprzejmy, dopóki nie był prawdziwy, nie był sobą samym.

HEBERT Bayard Swope *mówi, że nie ma przepisu na sukces, ale przepisem na porażkę jest próba zadowolenia wszystkich przez cały czas.*

Czytając ten cytat, naprawdę znalazłem się w moich wcześniejszych doświadczeniach.

Z każdym dniem wiele osób lamentuje, że zostały wykorzystane przez ludzi o złych zamiarach, manipulacyjnych, narcystycznych i innych. Wielu z nich wysunęło na pierwszy plan dobroć i dało okazję do wykorzystania jej jako słabości.

Podczas gdy można kochać będąc prawdziwym, będąc sobą samym. Można też być kochanym, pokazując dokładnie to, czym jesteśmy i czego chcemy, a nie spędzać czas na szukaniu za wszelką cenę satysfakcji drugiego.

Dobroć, o której tu mówimy, to dobroć fasady, dobroć powierzchni. Podczas gdy my chcemy czegoś innego w środku, ale na zewnątrz pokazujemy coś innego.

W tych czasach pruderia i hipokryzja już nie działają.

Taka postawa nie tylko szkodzi drugiemu, ale też najpierw szkodzi samemu sobie.

Postanowiłem przestać być miły i zacząć być prawdziwy.

Człowiek rozwija się w środowisku, które warunkuje nas, warunkuje naszego ducha, nasz sposób życia i nasz sposób robienia rzeczy.

Od dawna żyjemy z tym, że nasz komfort jest uwarunkowany satysfakcją innych. Nasze relacje z innymi zależą w coraz większym stopniu od satysfakcji, jaką im dajemy.

Rodzice z jednej strony grożą karą nieposłusznym dzieciom, z drugiej strony uzależniają prezenty i inne nagrody od osiągnięcia lepszych ocen w szkole, od dobrego zachowania.

Relacje między małżonkami koncentrują się na nieustannym dążeniu do zaspokojenia pragnienia drugiego człowieka. Moja żona to lubi, mój mąż to lubi, mój chłopak powiedział mi, że jak się z nim spotkam, to mnie zostawi.

Budujemy nasz sposób myślenia wokół satysfakcji innych, czasami do tego stopnia, że zapominamy o sobie, albo ze strachu przed karą, albo po to, by dobrze postępować w nadziei, że zostaniemy nagrodzeni, podziwiani, wychwalani i kochani bardziej.

Podczas gdy te formy komunikacji: kary i nagrody niosą za sobą nasiona konfliktów osobowościowych.

Wykazano, że w moralizujących społeczeństwach jest więcej przemocy, która promuje stosowanie kar za wszelkie wykroczenia.

Marszałek Rosenberg, *założyciel Non-Violent Communisation (NVC) wyjaśnia to tak dobrze, że w procesie NVC w interesie wszystkich leży, aby ludzie zmieniali się, działali nie ze strachu przed karą, ale w oparciu o wewnętrzną wartość, aby działali, ponieważ zrozumieli, że ich działania wzbogacają życie swoje i innych.*

Postanowiłem, że już nigdy więcej nie będę działał, albo w obawie przed jakąś formą kary lub nagrody, albo nie dam się odczuć innym. Jest to bardziej interesujące, kiedy wznosimy się do poziomu wykonywania naszych działań z własnej woli, wiedząc, że działania te wzbogacają nasz związek i innych.

Te przekonania o zaspokojeniu drugiego, aby uniknąć kary lub uzyskać nagrodę stan naszych umysłów, uwięzić nas. Ten sposób robienia rzeczy tworzy "fałszywych ludzi", których wolę używać angielskiego terminu "Fake people", hipokrytów, fałszywych związków.

Robimy tylko to, co robimy, by zadowolić innych, a nie być.

Kiedy robimy tylko to, co robimy, aby zadowolić innych, a nie być, jesteśmy, jak mówi **Thomas d'Ansembourg,** w **granicach** naszego systemu, naszego umysłu. (Zauważ słowo "piekło" pogrubione.)

Bycie sobą. Bądź prawdziwy. Bycie prawdziwym.

Sposób w jaki nasz umysł jest ustawiony, nasz umysł jest uformowany **blokuje** nas. (Zauważ, że ma w tym słowie piekło pogrubione).

Czasami mówimy **"tak"** z obawy przed nie byciem kochanym, gdy w głębi duszy chcemy **"nie", czasami** przyjmujemy zaproszenia od przyjaciół i sąsiadów, gdy chcemy spędzić czas inaczej.

Ta dobroć fasady leży u podstaw niepłodnych relacji, relacji z ukrytymi agendami, relacji bezproduktywnych.

Jaki jest sens budzić się cały ranek i widzieć ludzi, których nie chcemy widzieć? Ale my wciąż je widzimy!

Jaki jest sens kontynuowania pracy, która nie przynosi już radości? Ale my idziemy dalej!

Jak ważne jest, aby być w klasie, że nie lubimy nauczyciela lub przedmiotu? Ale my nadal tam zostajemy!

Odbudowa naszej osoby mija się z twierdzeniem, że jest prawdziwa, a nie że wymusza dobroć.

Ważne jest, aby przestać, przeformułować nasze przekonania, zdecydować się na bycie prawdziwym.

Kiedy decydujemy się na odbudowę, musimy zmienić nasze przyzwyczajenia. Powrót do nawyków jest tym, co jest trudne do zrobienia dla nas wszystkich.

W analizie systemu relacyjnego mówi się, że jeśli robisz to, do czego jesteś zawsze przyzwyczajony, dostajesz to, do czego jesteś zawsze przyzwyczajony.

Zmiana nie jest łatwa, ponieważ mężczyźni wolą pozostać w swojej strefie komfortu, ale jaki rodzaj komfortu akceptujesz, aby tam pozostać, jeśli powoduje to kłopoty?

Dla twojego szczęścia, zdecyduj się być prawdziwy!

Dla własnego szczęścia naucz się mówić "Nie", naucz się też słuchać "Nie".

Mówienie "nie" nigdy nie jest dla mnie problemem w związkach, ale zawsze trudno mi było zaakceptować bycie powiedzianym "nie", zwłaszcza gdy czegoś chcę, gdy kogoś chcę.

Pomyślałem, że w życiu też nie mogę mieć wszystkiego. Musisz wypuścić pewne rzeczy, wypuścić pewne rzeczy, wypuścić pewnych ludzi, wypuścić pewnych ludzi.

Czepianie się tego, co musi iść, to uprzykrzanie sobie życia.

Ważne jest, czy chcemy pozostać wierni prawdzie, mieć czasami odwagę powiedzieć "nie", czy też słuchać "nie" pochodzących od innych.

Nie wystarczy powiedzieć **"tak" lub "nie"** w naszej komunikacji, ale musimy poświęcić czas na wyrażenie siebie, zmotywowanie ich tak, aby osoba przed nami zrozumiała, że naszą motywacją nie jest sprzeciwianie się, ale raczej uczestnictwo w rozwiązaniu.

Lepiej jest być pośrednikiem rozwiązań niż utrzymywać problemy.

Kiedy akceptujemy rzeczy, kiedy wiemy w głębi duszy, że nie chcemy, dusimy się.

Prędzej czy później może się ujawnić.

Taka postawa zewnętrznej dobroci powoduje chorobę u osoby, która ją utrzymuje.

Wyrażenie Thomasa D'Amsenbourga najlepiej ujmuje to, gdy mówi: "Jeśli **wypieram** to, co byłoby właściwe dla mnie do **wyrażenia**, prędzej czy później **jest drukowane**, a potem **wpadam w depresję**".

Depresja jest logiczną konsekwencją zmartwień, niepokoju, uciekających w głąb nas myśli, które odmawiamy eksternalizacji, myśli o realiach, których nie akceptujemy.

Wiele osób chodzi ulicą z ciężkimi ładunkami, które nie są widoczne. Te ciężary nie są przenoszone nad ich głowami, ale w ich wnętrzu.

Czasami jest mniej ciężko nosić coś nad głową niż w środku.

Dla swojego szczęścia, naucz się mówić Nie, naucz się też słuchać Nie!

Dla własnego szczęścia, zadbaj o nakarmienie "My".

Spotkałem koleżankę, która była po czterdziestce, była jeszcze samotna, choć miała dziecko. W rozmowie wyjaśniła, dlaczego jej inne związki nie wyszły. Zauważyłem, że kilka razy powtarzała to słynne zdanie: "Lubię to, lubię to... Ze **mną** musi być tak... **Moje** zasady są bardzo jasne w tej czy innej dziedzinie.....

Szybko zauważyłem, że była bardziej w swoim **"Ja"**, niż zgodzić się na spotkanie z innymi, pozostając sobą. Staram się sprawić, by dostrzegła, że "My" również istniało, gdy tylko zgodziliśmy się być w parze, zgodziliśmy się wyjść z domu i iść w kierunku innych, musimy również zgodzić się na karmienie "My".

Prawdziwi ludzie w związkach to ci, którzy stawiają na pierwszym miejscu dobro wszystkich, pielęgnując "My".

Aby być prawdziwym w związku, nie mówię, że nie obchodzą cię potrzeby drugiej osoby ani twoje własne potrzeby, ale raczej wychodzisz i spełniasz pragnienie drugiej osoby, jednocześnie wyrażając swoje, aby znaleźć właściwą równowagę.

To właśnie zarządzanie szczęśliwym medium pozwala na rozkwit zdrowej relacji między dwoma wolnymi i zgadzającymi się dorosłymi.

W prawdziwym związku, zawsze jest rekompensata. A kiedy jeden jest wolnym i przyzwalającym dorosłym, robi to chętnie, kierując się miłością, poczuciem własnej wartości i szacunku dla drugiego.

Kiedy angażujemy się w jakikolwiek związek, ważne jest, aby zauważyć, że istnieje obecność i pragnienie trzech osób, aby pielęgnować.

To ja, to ty, a to my.

- **Ja" to nasza** własna tożsamość, nasza osobowość, nasze temperamenty, nasze potrzeby, nasze zachowanie, ze wszystkim, co się z tym wiąże.
- **"Ty" to** osoba przed tobą, grupa ludzi, której przewodzisz, ze wszystkim, co się z tym wiąże.
- **"My" urodziliśmy się w** dniu, w którym się poznaliśmy, w dniu, w którym podjęliśmy decyzję o wspólnym spacerze. Dla przywódcy, dzień, w którym podjął się zadania prowadzenia innych, wtedy właśnie zaczyna się "My".

Kiedy samo **"ja"** jest bardziej odżywione w związku, rozwija się **egoizm**.

Kiedy to **"Ty"** jest dużo bardziej uprzywilejowany, zadowolony, zwiększa to **hipokryzję**. Hipokryzja stwarza brak innych, którzy widzą, że jego potrzeby nie są brane pod uwagę.

W końcu, kiedy to **"My"** zwycięża, budujemy satysfakcjonujący, żywy i solidny związek.

Prawdziwy wysoki związek znajduje się na poziomie **"my"**. Tu właśnie leży źródło każdego rozwiązania.

W parze, kiedy oboje małżonkowie świadomie i celowo opuszczą etap "ja" i "ty" i będą starać się karmić "My", będziemy mówić o dojrzałej parze.

Podobnie, gdy lider martwi się o zbiorowe **"My"** ludzi, którym przewodzi, w społeczeństwie, któremu służy, stworzy środowisko zdolne do skutecznego rozwiązywania wszystkich wyzwań społecznych.

To właśnie na tym wysokim szczeblu zarządzania **mówi Arystoteles, w Nicomachean Ethics;**

Dobro państwa jest nadrzędne wobec indywidualnego dobra każdego obywatela: dobro jest z pewnością pożądane, gdy dotyczy jednostki rozpatrywanej oddzielnie, ale jego charakter jest piękniejszy i bardziej boski, gdy odnosi się do narodu i całych państw.

Jesteś naprawdę bogatym człowiekiem, kiedy tworzysz wokół siebie innych bogatych ludzi.

Jaki jest pożytek z tego, że człowiek sam gromadzi w sobie wszystkie dobra, a wokół niego otaczają go ubodzy? To jest nieludzkie i dalekie od boskiego.

Boskość mieszka w **"My"**. W każdym związku, czynie, osiągnięcie, wszystko co czyni się w interesie poszukiwania dobrobytu tego **"My"** jest bardziej szlachetne i godne pochwały.

To właśnie na tym poziomie jesteśmy wezwani do przeglądu naszego sposobu myślenia, do przeglądu sposobu, w jaki kształtowany jest nasz system myślowy, nasze przekonania.

Od najmłodszych lat sposób myślenia człowieka jest tak ukształtowany, że podoba się on rodzicom, że czyni dobro drugiemu, małżonkowi, aby zdobyć jego miłość, trzymać się jego wizji, w skrócie, aby otrzymać nagrodę lub uniknąć kary.

Dla tych, którzy są wierzący, wielu z nich żyje całe swoje życie zamknięte, uwięziony, w strachu przed utratą Raju lub bycia wysłanym do piekła po śmierci.

Strach ten zwiększa dużą liczbę ludzi wierzących w strach, a nie wierzących, którzy polegają tylko na wewnętrznej wartości, jaką przynosi życie w dyscyplinie. Wierzący, którzy wierzą tylko dlatego, że raz zastosowane zasady mogą wzbogacić życie, a nie dlatego, że boją się albo piekła, albo nieba w przyszłości.

Kiedy ktoś jest zajęty tylko odżywianiem "ja" lub "ty", jest ponownie zamknięty w tym systemie logiki, że jeden musi zadowolić się samemu lub jeden musi starać się zadowolić drugiego. Taka postawa łatwo wywołuje kłamstwa.

Kłamstwo przychodzi, gdy za wszelką cenę chcesz się chronić w związku, albo za wszelką cenę nie chcesz stracić drugiej osoby.

Pewien sposób myślenia zgadza się nawet na używanie kłamstw, aby ten związek istniał.

Podczas gdy powierzchowna dobroć zawsze ma kłamstwo za towarzystwo.

Często kłamstwa przybierają wiele form. Kłamstwo może być wyrażone lub nie, może być werbalne lub towarzyszyć mu mimika, gest, spojrzenie, można nawet kłamać milcząc lub mówiąc, że część prawdy jest prawdziwa.

Ten, kto nie jest prawdziwy w związku, zawsze będzie używał małych i dużych kłamstw, aby się z niego wydostać, będzie karmił swój związek tylko sztuczkami.

Czasami w obliczu pewnych sytuacji powie, że został do tego zmuszony, aby użyć kłamstwa, które można uznać za zdrowe kłamstwo, aby utrzymać związek, i uratować sytuację.

Niebezpieczeństwo związane z tą praktyką polega na tym, że po kłamstwie nadal następowałaby seria kłamstw, aby przykryć pierwsze z nich w celu utrzymania swojej czołowej pozycji. W tej chwili jesteśmy bardziej prawdziwi w tym związku.

W ten sposób powstaje coraz więcej relacji na fasadzie, z zewnątrz, podczas gdy wewnątrz nie ma nic więcej.

Po podjęciu decyzji, aby była ona prawdziwa, należy zachować prostotę:

Dla własnego szczęścia, naucz się karmić "My" w swoim związku.

Dla własnego szczęścia, nie zawsze staraj się mieć rację.

Niezależnie od tego, czy mamy rację, czy też nie, czasami, aby uratować relacje, które tak wiele dla nas znaczą, musimy tylko powiedzieć słowa **"przepraszam", "przepraszam", "przyznaję się do winy"**.

W rzeczywistości większości osób nadal nie jest łatwo mieć zdolność do pokory i rozpoznawania siebie.

Codziennie napędza nas chęć wygrania bitwy.

Tu właśnie mówimy o zarządzaniu różnicami, przyjmowaniu różnic u innych.

Nasz sposób myślenia prawie nie toleruje nieporozumień.

Drugą pułapką, która uniemożliwia człowiekowi nie bycie prawdziwym, jest różnica zdań, gdy istnieje rozbieżny punkt w związku.

Ksiłuje się albo narzucić swoje zdanie, by zostać wysłuchanym, można nawet użyć siły, przemocy, by się narzucić.

Albo po prostu zdecydujemy się zadowolić drugiego, nawet jeśli myślimy odwrotnie w naszym wewnętrznym ja, boimy się go stracić, boimy się, że związek się skończy, i wolimy się kłaniać.

Kiedy się kłaniasz, nie jesteś już prawdziwy, stawiasz się w sytuacji autosabotażu. Ryzykujemy nawet dopuszczenie do tego, by w grę wchodziła relacja poddaństwa, dominacji, chłosty.

Nasz sposób myślenia prawie nie toleruje nieporozumień.

Thomas z Amsenbourg powiedział, że nawet dorośli często mylą nieporozumienia z miłością.

Uważamy, że skoro ten drugi nie zgadza się z moją opinią, skoro nie chce trzymać się mojej wizji rzeczy, to mnie nie lubi.

Jak powiedziałem na początku tego rozdziału, jako młode małżeństwo, ja i moja żona przeszliśmy przez okres wielkiego napięcia, kłótni.

Czasami tematy tych sporów były trywialne, ale ważne dla jednego lub drugiego, ale nie były postrzegane w ten sam sposób.

Dla mnie, na przykład, bardzo źle się stało, że żonaty człowiek pozostaje w kontakcie z jednym ze swoich byłych chłopaków lub dziewczyn, podczas gdy dla niego nie było to żadnym problemem.

Mieliśmy różnice zdań na temat korzystania z sieci społecznych, niektórych zasad religijnych, zatrudnienia, musieliśmy zdecydować, czy powinna akumulować miejsca pracy, gdy mieliśmy małe dzieci. Te podmioty czasami nas dzieliły.

Mój sposób myślenia został ukształtowany przez wysoce patriarchalne społeczeństwo i plemię... Od czasu do czasu mój łyk zaciska się na myśl o tym, by wysłuchać jego przeciwnej opinii. Od czasu do czasu chciałem być słuchany za wszelką cenę. Na szczęście nigdy nie uciekałem się do siły ani niczego podobnego.

Ale po pomocy nieagresywnej komunikacji zdałem sobie sprawę, że jestem ja, ty i My, których muszę zbudować. Musiałem usiąść i wysłuchać potrzeb i motywacji wszystkich argumentów po obu stronach. Musiałem przyjmować różnice nawet wtedy, gdy się nie zgadzałem. Musiałem znosić słuchanie przeciwnej opinii, nawet jeśli jest to temat bardziej dla mnie cenny.

Prawdą jest, że nawet dzisiaj mogą pojawić się, lub istnieć, pewne punkty rozbieżności, ale szybko nauczyłem się przyjmować różnicę innych poprzez aktywne słuchanie, cierpliwość, pogodę ducha, współczucie i empatię.

Kiedyś w naszej małej krajowej sprzeczce, powiedziała mi:

"Nie widzisz, że jesteśmy inni pod wieloma względami, może powinniśmy się rozdzielić?

Odpowiedziałem:

"Oczywiście dlatego, że jesteśmy inni, dlatego musimy trzymać się razem, aby się uzupełniać. Kontynuowałem, w humorystycznym tonie, mówiąc:

"Wyobraź sobie, jak będziesz się czuł, mając na sobie parę butów o obu stopach takich samych.

To właśnie różnorodność stanowi o pięknie narodu, kraju. To w różnorodności kolorów leży piękno tęczy''.

Tak więc w procesie odbudowy naszych przekonań, aktualizowania naszego stanu umysłu, musimy wprowadzić ten aspekt przeformułowania naszego sposobu myślenia, ucząc się przyjmować odmienność drugiego, siadać i słuchać drugiego.

Ważne jest, aby zinternalizować empatię, która jest formą aktywnego słuchania. Człowiek, który słucha z empatią stawia się na miejscu drugiej osoby, nie osądza, nie potępia. Po prostu ma czas na słuchanie, nie pokazując, że spieszy mu się do przodu.

Kiedy empatia jest już w naszych umysłach, pozwala nam dotrzeć do innych, tworząc środowisko, które będzie sprzyjać tworzeniu rozwiązań dla "**My**", a nie monopolizować słowo i narzucać idee.

Dla własnego szczęścia, nie zawsze staraj się mieć rację.

Narzucenie jego opinii może dać wolną rękę emocjom.

DLA SWOJEGO WŁASNEGO SZCZĘŚCIA, ODERWIJ SIĘ OD EMOCJI.

Aby przyjąć odmienność drugiego, **trzeba oderwać się od emocji.**

Nie jest łatwo wysłuchać przeciwnej opinii na tematy naprawdę bliskie naszemu sercu. Trudno jest pozostać niewrażliwym, nie reagować.

Uczucia gniewu, zazdrości, wrogości, zwątpienia mogą nas przytłaczać, ale ważne jest, aby się od tych emocji oderwać.

Kiedy reagujemy emocjonalnie, nie rozwiązujemy problemów. Emocje nie rodzą pomysłów, ale raczej dają efekty.

Po reakcji emocjonalnej, jeden z partnerów często decyduje się na uciszenie. Postanawia wyłączyć się z dyskusji przy okrągłym stole. Wykluczają się z każdej rozmowy. Nie czuje się zrozumiany, może zdecydować się na milczenie i po prostu się zamknąć.

Tam, milczenie w ważnych sprawach jest jak śmierć.

Martin Luther King powiedział: *"Nasze życie kończy się w dniu, w którym zdecydujemy się milczeć o poważnych sprawach wokół nas.*

Parafrazując go, powiedziałbym, że każdy ludzki związek umiera w dniu, w którym zaczniemy milczeć o poważnych sprawach wokół niego.

Kiedy komunikacja jest odcięta, jest to otwarte drzwi dla partnerów, aby otworzyć się na innych ludzi, którzy, jak sądzimy, zawsze słuchają naszych problemów. Może to być przyjaciel, chłopak, kolega ze służby, sąsiad, były kochanek. Często ci ludzie są niedaleko. Zawsze się kręcą. Często gotowe do użycia.

Kiedy pozostawiamy siebie innym, stopniowo może powstać nowa, równoległa relacja. Osoba potrzebująca związku wkrótce poczuje się jak osoba, która znalazła oazę na środku pustyni, aby ugasić swoje pragnienie.

Inni dobrze radzą sobie z tą sytuacją, wychodzą bez incydentów, ale wielu z nich pozwoliło, aby równoległe relacje prowadziły do innych otwarć, stwarzały inne problemy. Relacja równoległa może utrwalić główną relację, a nawet ją zniszczyć.

Oczywiście, dla niektórych ludzi reakcje są różne. Dla takich, gdy różnica nie jest mile widziana, osoba woli nie poruszać już tematu, aby uniknąć ponownie kłótni, reakcji pod wpływem emocji. Woli sabotować samego siebie, niszczyć się, gromadząc w sobie wszystkie te emocje, które mogą być później źródłem choroby.

Trzymanie się z dala od emocji nie oznacza tworzenia dystansu, milczenia, nie wychowania tematów.

Trzymanie się z dala od emocji pozwala zarządzać nieporozumieniami z chłodem, spokojem i pogodą ducha.

Nawet gdy nieporozumienia są nie do przezwyciężenia, możemy współistnieć nie idąc na wojnę. Jest to możliwe tylko wtedy, gdy nie będziemy tłumić dialogu. Jest możliwe, że jeśli komunikacja bez użycia przemocy stanie się ważną częścią naszego codziennego życia.

Marshall Rosenberg, jeden z założycieli komunikacji bez użycia przemocy, daje nam wybór, mówiąc:

"Mamy podstawowy wybór w życiu, to być szczęśliwym lub mieć rację.

Mam nadzieję, że każdy zdecyduje się być szczęśliwym w swoim związku, idąc na przeciw drugiemu, pozostając jednocześnie wiernym sobie, unikając powierzchownej życzliwości, zwłaszcza poprzez trzymanie się z dala od emocjonalnych reakcji.

W tym rozdziale opracowano kilka zasad i pomysłów. Podsumujmy te pomysły:

1. W naszych relacjach z innymi najważniejszą rzeczą jest to, aby były one prawdziwe.

2. Większość ludzkich nieszczęść wynika z tego, że był zbyt uprzejmy, dopóki nie był prawdziwy, nie był sobą samym.

3. *Człowiek* rozwija się w środowisku, które warunkuje nas, warunkuje naszego ducha, nasz sposób życia i nasz sposób robienia rzeczy.

4. Sposób, w jaki kształtuje się nasz **umysł**, nasz duch, **otacza** nas. (Zauważ jeszcze raz, że słowo "**piekło**" jest pogrubione w słowie).

5. Lepiej jest być pośrednikiem rozwiązań niż utrzymywać problemy.

6. *W analizie systemu relacyjnego mówi się, że jeśli robisz to, do czego jesteś zawsze przyzwyczajony, dostajesz to, do czego jesteś zawsze przyzwyczajony.*

7. Nie wystarczy powiedzieć **"tak" lub "nie"** w naszej komunikacji, ale musimy poświęcić czas na wyrażenie siebie, na zmotywowanie ich tak, aby osoba przeciwna zrozumiała nasze stanowisko.

8. Prawdziwi ludzie w związkach to ci, którzy stawiają na pierwszym miejscu dobro wszystkich, pielęgnując "My".

9. Dla własnego szczęścia, nie zawsze staraj się mieć rację.

10. Kiedy reagujemy emocjonalnie, nie rozwiązujemy problemów. Emocje nie rodzą pomysłów, ale raczej dają efekty.

Rozdział 6. Odkryj, co jest w tobie mało, ale dużo.

"Nie musisz robić nadzwyczajnych rzeczy, aby uzyskać nadzwyczajne wyniki.

WARRET BUFFET.

Współczesne życie wydaje się pod pewnymi względami być błędem.

Dobre rzeczy, jakie przynosi nam współczesne życie, to wspaniałe postępy, jakie poczyniliśmy w nauce, technologii i biznesie. Te postępy pozwoliły nam lepiej jeść, dłużej pozostawać młodym na świecie, bardzo łatwo poruszać się po szybkich pociągach, łączyć świat jak w jednej wiosce, cieszyć się większym komfortem niż poprzednie pokolenia.

Ale współczesnym błędem jest sposób, w jaki organizujemy nasze życie osobiste i społeczne. Zamiast pracować, by żyć, żyliśmy, by pracować. Spędzamy tyle czasu w pracy, że zapominamy o istocie życia.

W tej dziedzinie możemy powiedzieć, że technologia nas zraniła.

Innym razem, ludzie mieli spokojniejsze, bardziej zrównoważone życie. Mieli więcej wolnego czasu. Byli bardziej oddani rodzinie i przyjaciołom.

Było więcej braterstwa i równości społecznej, więcej grzeczności wobec obcych. Cierpieli mniej stresu i depresji, mniej uzależnienia od alkoholu i narkotyków. Mieli mniej obsesji na punkcie pieniędzy i władzy.

Dziś jesteśmy bardziej świadomi siebie i naszej indywidualności, ale ta nowa wolność przeraża wielu z nas.

Jesteśmy o wiele bardziej zmartwieni i rozpaczliwie szukamy iluzji bezpieczeństwa, które mimo naszych szaleńczych wysiłków, zdaje się cały czas wymykać.

W dzisiejszym współczesnym życiu ludzie stoją przed wyborem pomiędzy dwoma pasami: ***szybkim (prędkość) lub wolnym.***

Oboje mają wiele do zazdrości ***szerokiego śladu*** innych czasów.

Dla wielu osób ***powolny pas*** oznacza brak bezpieczeństwa finansowego, niskie dochody, najniższy szczebel drabiny społecznej, strach przed bezrobociem i utratę materialnych przyjemności, którymi cieszą się ludzie na szybkim pasie.

Najszybsza trasa nie jest jednak pozbawiona pułapek. Dla wielu ludzi jest to droga, która rymuje się z pożerającą ambicją; wymaga od nich pełnego inwestowania w życie zawodowe, ze szkodą dla ich osobistych relacji.

Na tej ostatniej ścieżce praca zajmuje więcej miejsca na wszystko. Szybsza droga niesie ze sobą również wiele niepokoju i ubóstwa, choć w tym przypadku nie jest to ubóstwo materialne, ale ubóstwo spowodowane brakiem czasu i miłości.

Aby uzyskać więcej pieniędzy, więcej uznania, ciekawszą pracę lub bardziej ekscytujące życie, wydaje się, że trzeba więcej inwestować w swój zawód, pracę, firmę lub klientów, czasami do tego stopnia, że nie ma już czasu na dbanie o siebie, swoją rodzinę lub przyjaciół, nie mówiąc już o relaks i doładowanie.

Wiele z rzeczy, na które poświęcamy naszą energię, jest nie tylko bezużytecznych, ale i szkodliwych.

Obserwujemy dziś życie młodych ludzi, spędzają prawie cały dzień na portalach społecznościowych, mogą czytać, zwiedzać muzea, prowadzić prawdziwe rozmowy z przyjaciółmi z sąsiedztwa, rodzicami, braćmi i siostrami. Ale niestety, wolą chodzić na portale społecznościowe do nieznanych ludzi, na odległość, którą ledwo znają, z wyjątkiem wirtualnych.

W wirtualności wszystko jest piękne. Wyobraźnia wzmacnia fakty w świecie wirtualnym, a z drugiej strony natychmiast uświadamiamy sobie, że to tylko chimera. Kiedy widzisz daną osobę przed sobą, zdajesz sobie sprawę, że jej wygląd został podkreślony przez nieuczciwe użycie makijażu i zdjęć zmodyfikowanych przez nowoczesne aplikacje na smartfony. Od razu zdajemy sobie sprawę, że osoba ta była lepsza na zbliżeniu dobrze ukierunkowanej części ciała, którą zdecydowała się pokazać, niż na obejrzeniu jej w całości.

Dzięki szybkości działania portali społecznościowych, ***"Kalaba, czarownica"*** może zmienić się w ***"Beyoncé"***.

W świecie wirtualnym tylko prosty głos osoby, której nigdy nie widziałeś, może cię do niej przywiązać, dopóki nie zostaniesz wciągnięty w rzeczywistość.

W tym życiu chodzi o szybkość.

Rzeczywistość jest taka, że współczesne życie jest materialnie, naukowo i technologicznie wydajne, ale często sieje spustoszenie w życiu osobistym ludzi.

W tym nowoczesnym życiu ludzie często biegają za rzeczami, które już mają, nie wiedząc o tym.

Historia bajki i łowców przygód pokazuje nam:

Ta historia jest o tym, co stało się między amerykańskim biznesmenem a meksykańskim wieśniakiem.

Pewnego razu, na polecenie lekarza, amerykański biznesmen pojechał na wakacje do Meksyku, do małej wioski nad morzem. Obudzony wielokrotnymi wezwaniami do pracy, postanowił wybrać się na spacer wzdłuż wybrzeża, aby wymienić się pomysłami.

Spojrzał, zobaczył małą łódź z rybakiem na pokładzie, a w łodzi było kilka dużych tuńczyków żółtopłetwych.

Amerykanin pochwalił go i powiedział:

"Ile czasu zajęło ci ich zdobycie?

"Nie za długo", odpowiedział Meksykanin w nieskazitelnym angielskim.

"Dlaczego nie zostaniesz na morzu dłużej, by złowić więcej ryb? "zapytał Amerykanin.

"Mam dość, by utrzymać rodzinę i dać trochę przyjaciołom", mówi Meksykanin, który rozładowuje swoją brzoskwinię w koszyku.

"A przez resztę czasu, co ty wtedy robisz?

Meksykanin podnosi głowę i uśmiecha się: "Wstaję późno, łowię ryby, bawię się z dziećmi, ucinam sobie drzemkę z żoną, Julią, i każdej nocy idę do wioski, piję wino i gram na gitarze z przyjaciółmi. Mam bogate i pełne życie, sir".

Amerykanin wybucha śmiechem i wybucha śmiechem: "Sir, mam MBA z Harvardu i mogę panu pomóc, powinien pan spędzić więcej czasu na wędkowaniu i, z zyskami, kupić większą łódź. W mgnieniu oka można było kupić kilka łodzi. I skończysz na prowadzeniu floty rybackiej. »

On mówi dalej: "Zamiast sprzedawać swoją rybę pośrednikowi, sprzedałbyś ją bezpośrednio konsumentom, a w końcu otworzyłbyś własną fabrykę konserw". Będziesz kontrolował produkt, przetwarzanie i dystrybucję. Musiałbyś wtedy oczywiście opuścić tę małą wioskę i przenieść się do Mexico City, a następnie do Los Angeles i, dlaczego nie, do Nowego Jorku, gdzie znajdziesz odpowiednie umiejętności, aby dalej rozwijać swój biznes. »

Meksykański rybak pyta wtedy: "Ale, señor, jak długo to wszystko potrwa? »

Na co Amerykanin odpowiada: "Oh, 15 do 25, góra."

"A potem, señor? »

Amerykanin śmieje się i mówi: "Tu robi się naprawdę ciekawie". W odpowiednim momencie, wchodzisz na giełdę, sprzedajesz kapitał swojej firmy i stajesz się bardzo bogaty. Zarobisz miliony.

"Miliony", señor? Co dalej? ».

"Po"? Pójdziesz na emeryturę i zamieszkasz w małej wiosce nad morzem, gdzie będziesz spał do późna, łowił ryby, bawił się z dziećmi, zdrzemnąłeś się z żoną i wieczorem poszedłeś na spacer po wiosce, piłeś wino i grał na gitarze z przyjaciółmi... " (Opowieści z książki o 4:00 rano w dni robocze)

Mężczyźni bardzo często uciekają do rzeczy, które już mają, nie wiedząc o tym.

*A jednak szczęście nadal pochodzi z doceniania tego, co już masz - mówi kongijski raper **Gims Gandhi Djuna** - a jednak szczęście nadal pochodzi z doceniania tego, co już masz.*

Tędy prowadzi nas szybki pas ruchu. Amerykanin, który wierzy w szybki pas tego nowoczesnego świata, proponuje temu wieśniakowi biegać, pracować więcej, zarabiać więcej dyplomów, szukać ponad milion kosztem poświęcenia żony, dzieci i zdrowia, aby w końcu wrócić do punktu wyjścia, gdzie wieśniak był już.

Podczas gdy wieśniak miał już ten mały, który dał mu dużo. Pracował niewiele czasu, ale zarobił na to, by utrzymać rodzinę i przyjaciół. Pracował w krótkim czasie, by żyć szeroko. Szeroki pas, który miał szczęście spędzać więcej czasu z rodziną, nad morzem, w cichej małej wiosce, wokół przyjaciół, dzieląc z nimi łapówkę.

To jest szczęście, że wszyscy ci, którzy żyją na szybkim pasie współczesnego świata mają nadzieję żyć po długim okresie pracy ponad czterdziestu lat, aby żyć na emeryturze w małej wiosce nad morzem. Emerytura, która nie jest tak zagwarantowana. Życie, które można skrócić w każdej chwili przez chorobę, przypadek lub jakikolwiek rodzaj wzlotów i upadków życiowych.

Biblia przypomina nam o tym w tych słowach:

"Teraz do ciebie należy powiedzenie. Dzisiaj albo jutro pojedziemy do takiego i takiego miasta, spędzimy tam rok, będziemy polować, i wygramy!

Wy, którzy nie wiecie, co się stanie jutro! Bo, jakie jest twoje życie? Jesteś parą, która pojawia się na chwilę, a potem znika". (Jakuba 4:13-14).

Rada Steve'a Jobsa, zanim umarł.

Steve Jobs *jest jednym z najbogatszych biznesmenów naszych czasów. W wieku 23 lat, miał już milion dolarów na kontach bankowych. W wieku 24 lat miał już 10 milionów, a w wieku 25 lat ponad 10 milionów.*

Na krótko przed śmiercią Steve Jobs wyznał, że pieniądze nie są najważniejszą rzeczą w życiu człowieka. Powiedział, że pieniądze są ważne, ponieważ pozwalają mu realizować swoje pomysły, ale dla niego odkrył, że najważniejsze w życiu są ludzkie relacje w społeczeństwie.

W swojej izbie chorych, na krótko przed śmiercią, wypowiedział te ostatnie słowa:

Osiągnąłem szczyt sukcesu w świecie biznesu. Moje życie jest przykładem sukcesu. Jednak poza pracą miałem małą radość.

Po zgromadzeniu wystarczającej ilości pieniędzy na resztę życia, musimy dążyć do innych celów, które nie są związane z bogactwem. Te cele są bardzo ważne, na przykład: sztuka, historia, nasze dziecięce marzenie...

W życiu, wspomnienia, które zostały wzmocnione przez miłość, są prawdziwym bogactwem. Miłość może podróżować tysiące mil. W ten sposób życie nie ma granic. Idźcie gdziekolwiek chcecie, róbcie co w waszej mocy, aby osiągnąć cele, które chcecie osiągnąć, wszystko jest w waszych rękach.

Powinieneś wiedzieć, że najdroższym łóżkiem na świecie jest łóżko chore.

Ty, jeśli masz pieniądze, możesz wynająć kogoś do prowadzenia samochodu, ale nie możesz wynająć kogoś do leczenia choroby. Można znaleźć zagubione rzeczy materialne, ale jest jedna rzecz, której nie można nadrobić, gdy się ją straci, a jest nią życie.

Bez względu na to, w jakim znajdziemy się etapie życia, z czasem kurtyny opadną. Przywiązuj wagę do miłości rodzinnej, miłości do współmałżonka, miłości do przyjaciół, miłości do dzieci, dbaj o siebie".

Jak ważne są te słowa wypowiedziane przez Steve'a Jobsa przed jego śmiercią. Żył w wielkim tempie i zgromadził wszystko, co człowiek mógł mieć: sukces, bogactwo, sławę.

Ale pod koniec swojego życia zaprosił świat do podążania szeroką ścieżką, ścieżką opartą na tym, co niewiele daje nam w życiu więcej.

Co jest dobrą wiadomością, aby zrekompensować tę rzeczywistość, pozostać szczęśliwszym, osiągnąć wspaniałe wyniki w życiu zawodowym, a jednocześnie mieć czas na życie towarzyskie.

Właściwą drogą do większego, bardziej przestronnego, szczęśliwszego życia jest zidentyfikowanie tego, co w tobie jest mało, ale dużo. Aby to osiągnąć, musisz żyć według tych dwóch zasad:

- ✓ **zasadę 80/20, inaczej znaną jako prawo Pareto.**
- ✓ **Zasada życia Biens Heureux poprzez tworzenie mini rekolekcji.**

Prawo Pareto.

Wilfried Pareto, jest ekonomistą i socjologiem, który żył w latach 1848-1923. Z wykształcenia inżynier, swoją karierę zawodową rozpoczął od zarządzania kopalniami węgla kamiennego, a następnie zastąpił Léona Walrasa na stanowisku szefa katedry gospodarki politycznej na Uniwersytecie w LAUSANE w Szwajcarii.

Jego główne dzieło, Cours d'Economie Politique, zawierało "prawo", wówczas mało zbadane, dotyczące podziału dochodów, które później wzięłoby swoją nazwę od "prawa Pareto", znanego również jako "zasada 80/20".

Oświadczenie o zasadzie 80/20.

Zasadę 80/20 można podsumować w następujący sposób: 80% nakładów jest wytwarzanych przez 20% nakładów. Zauważamy na przykład:

- 80 % konsekwencji wynika z 20 % przyczyn.

- 80% wyników pochodzi z 20% wysiłku i czasu.
- 80% zysków firmy jest generowanych przez 20% jej produktów i klientów.

Istnieje wiele przykładów we wszystkich aspektach życia, które pokazują tę zasadę:

- Mniej niż 20 % artystów otrzymuje ponad 80 % uwagi społeczeństwa.
- W polityce 80% problemów wojennych w Afryce jest powodowanych przez 20% ludności, która twierdzi, że jest mniejszością.
- Podobnie, Chińczycy stanowią tylko jedną trzecią ludności Malezji, ale posiadają 80% bogactwa kraju.
- Amerykanie stanowią mniej niż 5% ludności świata, ale są odpowiedzialni za 50% światowego spożycia kokainy.
- Mniej niż 20% nagranej muzyki gra więcej niż 80% czasu.
- Mniej niż 20% wojny powoduje ponad 80% zgonów bojowych.

Profesjonalnie, zasada 80/20 uczy, że mniejszość zadań prowadzi do znacznej większości wyników. Tak więc, jeśli wiemy, co chcemy osiągnąć, możemy szukać nadprodukcyjnego sposobu, aby to zrobić.

To jest to, co czyni dobrego kierownika, dobrego pracownika. Jest to opłacalne tylko wtedy, gdy zidentyfikujemy w naszym opisie stanowiska, które 20% ważnych zadań przynosi 80% rezultatów. Pozostałe, mniej pilne, mniej ważne zadania mogą być delegowane.

Dzięki temu możemy mieć więcej czasu na przemyślenia, znalezienie nowych strategii, być coraz bardziej skuteczni.

Zasada 80/20 zapewnia, że zawsze jest sposób. Zawsze robić więcej za mniej, pod warunkiem, że rozpoznajemy 20% ludzi, metod i zasobów, które są szczególnie pomysłowe i produktywne.

Celem jest zidentyfikowanie twoich nieefektywności w celu ich wyeliminowania i znalezienia twoich mocnych stron, abyś mógł je pomnażać.

Zasadę 80/20 można podsumować w koncepcji **robienia więcej z mniejszą ilością, czyli określania tego, co jest mniej, ale daje więcej.**

Robienie więcej z mniejszymi.

Ta zasada "robienia więcej za mniej" jest bardzo ważna i musi być stosowana w życiu zawodowym, a nie społecznym.

W naszym życiu osobistym zawsze są rzeczy, które przynoszą nam wiele, ale wymagają niewiele pieniędzy lub wysiłku.

Dziękując, okazując wdzięczność lub sympatię, podziwiając zachód słońca, opiekując się zwierzęciem lub rośliną, uśmiechając się do przypadkowego znajomego lub nieznajomego, będąc miłym dla kogoś, robiąc przyjemny spacer, to są wszystkie sposoby, aby zrobić więcej za mniej.

Te działania nie kosztują wielkich pieniędzy, ale przynoszą nam więcej przyjemności, więcej radości. Tak więc nagroda jest nieproporcjonalna do podejmowanego wysiłku.

Robienie więcej za mniej", tzn. poznanie lub zidentyfikowanie kilku wysoce wydajnych sił i metod (20%) i pomnożenie ich w celu uzyskania najlepszych wyników przy mniejszych wydatkach.

Zasada "robienia więcej za mniej" opiera się na prawie **koncentracji**.

Koncentracja jest siłą całego szczęścia i osobistego sukcesu. Koncentracja oznacza robienie mniej, bycie mniej, skupianie się na jednej rzeczy, jednym celu, jednym celu.

W rzeczywistości, koncentrując się na jednej rzeczy, dokonujesz redukcji, ignorując wszystkie inne, ale zyskujesz więcej.

To właśnie z powodu koncentracji "mniej równa się więcej".

Koncentracja wymaga od nas skupienia się na tym, co najlepsze, a Ty odkryjesz, że mniej równa się więcej.

Wymaga to nowego sposobu myślenia, który można podsumować w następujący sposób:

Zwierzęta są zdolne do ciężkiej pracy, tylko ludzie są w stanie ciężko myśleć.

Ludzka cywilizacja nie została zbudowana przez ciężką pracę, siłę mięśni, powtarzalność czy długie godziny pracy, ale przez intuicję, inspirację, inwencję, oryginalność i przedsiębiorczość.

Ludzie, którzy odnoszą największe sukcesy, nie zmieniają świata w pocie czoła, ale z ideami i pasją. Nie chodzi o ciężką pracę czy niekończące się godziny, tylko o wizję. Ci ludzie mają oryginalne pomysły, które wyrażają ich indywidualność i kreatywność.

Tak więc, aby odnieść sukces, trzeba myśleć i działać odpowiednio.

Czy wierzysz, że **Bill Gates**, który rzucił studia, aby uruchomić Microsoft, stał się najbogatszym człowiekiem na świecie dzięki ciężkiej pracy? A może po prostu miał kilka genialnych pomysłów, myśląc o tym, jak rozwiązać problemy życiowe?

Czy uważasz, że **Warren Buffet**, 89-letni Master Investor, który ma 86 miliardów dolarów fortuny w 2019 roku, pracuje bardzo ciężko?

Czy wyobrażasz sobie, że ***Jeffrey Preston*** Bezos, obecny miliarder i najbogatszy człowiek na świecie, prezes i dyrektor generalny Amazon.com, pracuje w swoim biurze od rana do nocy? A może po prostu myśli o pomyśle, który może zmienić sytuację na rynku?

A co z wielkimi gwiazdami medialnymi jak Kardasjanie? Co jest w nich takiego wyjątkowego? Czy są pracoholikami, czy mają oryginalne pomysły?

Barack Obama? Ronald Reagan? John F. Kennedy? Kofi Annan? Albert Einstein? Christopher Columbus?

Nie wszyscy ci sławni mężczyźni to ludzie, którzy przykuli się do biura łańcuchem. Oni tylko szukają pomysłów, które odróżniają ich od reszty. Pracują nad tym, co najważniejsze. Wiedzą, jak delegować, gdzie delegować. Włożyli dużo czasu w to, co naprawdę miało dla nich znaczenie.

Odkrywając, co jest mniej, a daje więcej w tobie dzięki zasadzie 80/20 będziesz mógł skupić się na wynikach, skoncentrować się na tym, co jest ważniejsze.

Zasada ta prosi nas o skupienie się na tym, co daje bardziej niezwykłe rezultaty bez podejmowania nadzwyczajnych wysiłków.

Bądź efektywny, ale zrelaksowany'' Pomyśl najpierw o wyniku, a następnie skup się na uzyskaniu go przy jak najmniejszym wysiłku, ale zidentyfikowaniu właściwej osoby, właściwych zasobów, właściwej metody jego uzyskania.

Przestań rozprzestrzeniać się zbyt cienko i rób wszystko tylko dlatego, że możesz: to czyni cię mniej wydajnym.

Skoncentruj się na naprawdę ważnych działaniach, które dają Ci niezwykłe rezultaty.

"Nie pracuj ciężko, pracuj mądrze.

Większość przedsiębiorców nigdy nie uczęszczała na uniwersytety, a nawet do college'u. Ponad połowa z nich opuściła szkołę, gdy tylko miała okazję to zrobić. Ich entuzjazm, ich pasja, jest powodem ich sukcesu.

Przyjrzyjcie się dobrze temu, co się udaje w ich dziedzinie, to ci, którzy mają dobrą znajomość danego sektora. Nie rozpraszają się.

Weźmy na przykład takie gwiazdy piłki nożnej jak **Lionel Messi, Zinedine Zidane, Cristiano Ronaldo, Mohamed Saleh, Samuel E'too, Didier Drogba, Sadio Mané,** czy nawet inne gwiazdy NBA jak **Mutombo Dikembe,** słynny **Michael Jordan**. Udało im się odnieść sukces w swojej dziedzinie, ponieważ są specjalistami w tym, co robią.

Spędzili kilka godzin szkolenia, aby opanować technikę, dryblingu, ataku lub obrony.

Bardzo duże gwiazdy mają bardzo duże mocne i bardzo duże słabe strony. Ich słabe strony mają niewielkie znaczenie w porównaniu z nadzwyczajnymi wynikami, jakie osiągają, koncentrując się na swoich mocnych stronach, które kultywują na poziomie olimpijskim.

Ważne jest posiadanie wiedzy ogólnej, ale jeszcze ważniejsze jest, aby doskonalić się w wybranej przez siebie dziedzinie.

Odkrywając, co jest mniej, a daje więcej w tobie dzięki zasadzie 80/20 będziesz mógł skupić się na wynikach, skoncentrować się na tym, co jest ważniejsze.

Zasada ta prosi nas o skupienie się na tym, co daje bardziej niezwykłe rezultaty bez podejmowania nadzwyczajnych wysiłków.

Bądź efektywny, ale zrelaksowany'' Pomyśl najpierw o wyniku, a następnie skup się na uzyskaniu go przy jak najmniejszym wysiłku, ale zidentyfikowaniu właściwej osoby, właściwych zasobów, właściwej metody jego uzyskania.

Zasada życia dla SZYBKIEGO TOWARU.

Inną zasadą, która pozwala nam podążać szeroką ścieżką życia, aby być bardziej zrównoważonym, cieszyć się większą przestrzenią i być spełnionym podczas pracy, jest ZDROWOTNY styl życia.

Taki sposób życia zdefiniowany przez amerykańskiego autora TIM FERRIS zachęca ludzi do skupienia się na tym, co najważniejsze w ich zadaniach zawodowych. Nie muszą czekać do wieku emerytalnego, aby cieszyć się owocami swojej pracy, ale zamiast tego, zachęca ludzi do wzięcia wolnego czasu od pracy, odpoczynku, podróży, spędzania większej ilości czasu z najbliższymi.

Szczęśliwymi są ludzie, którzy zdołali stworzyć system, który działa i produkuje ich pieniądze bez ich obecności, więc maszyna działa dla nich, i cieszą się mając dobry czas, rodzinę, przyjaciół, w rzeczach, które dają więcej radości życia.

Dobra Szczęśliwe nie są ludźmi, którzy ograniczają się do biura i wykonują 8 godzin pracy, ale im szybciej stworzą zatrudnienie, tym szybciej podejmą się ważniejszych zadań i delegują innych.

Teraz, gdy zajęliśmy się tym rozdziałem na temat odkrywania tego, co jest w Tobie mało, ale dużo, przypomnijmy sobie niektóre z pomysłów opracowanych w tym rozdziale:

1. Nie musisz robić nadzwyczajnych rzeczy, żeby uzyskać nadzwyczajne wyniki. Niech to będzie proste, a dostaniesz więcej wyników.
2. Współczesne życie oferuje nam dwie ścieżki, szybką i powolną, ale musimy znaleźć równowagę, podążając szeroką ścieżką.
3. Mężczyźni często biegają za rzeczami, które już mają, nie wiedząc o tym.
4. Najdroższym łóżkiem na świecie jest łóżko chore. Ciesz się każdą chwilą życia. Najważniejsza jest miłość rodzinna, miłość do współmałżonka, miłość do dzieci, miłość do przyjaciół i dbanie o siebie.
5. Prawo Pareto 80/20 stanowi, że jest tylko 20% rzeczy, które dają nam 80% szczęścia, radości. Jakie jest to 20%, które odróżnia cię od innych? Jakie są 20% kluczowych działań, na których należy się skoncentrować, aby uzyskać więcej wyników? Jakie są 20% umiejętności, które musisz opanować, aby osiągnąć 80% sukcesu w swoim życiu?

6. Przestańcie być generałami i zostańcie specjalistami.
7. Ta zasada "robienia więcej za mniej" jest bardzo ważna i musi być stosowana w życiu zawodowym, a nie społecznym. Zawsze są rzeczy, które przynoszą nam wiele, ale wymagają niewiele pieniędzy lub wysiłku.
8. Wiele z rzeczy, na które poświęcamy naszą energię, jest nie tylko bezużytecznych, ale i szkodliwych.

Rozdział 7. Pobierz oprogramowanie dla swojego mózgu i umysłu.

Człowiek jest zawsze panem,

Nawet w najsłabszym lub najbardziej opuszczonym stanie.

JAMES Allen.

Pewnego dnia, kiedy siedziałem w biurze mojego biskupa, przyszedł młody człowiek, aby przedstawić mi swoje żale. Przez kilka miesięcy próbował znaleźć pracę, ale niestety wszystkie jego wysiłki poszły na marne.

Po wysłuchaniu go, podzieliłem się z nim wieloma technikami poszukiwania pracy. Jak mógł się przedstawić, kiedy ma przesłuchanie. W jaki sposób mógł wywrzeć silne wrażenie w rozmowach kwalifikacyjnych, a także jak mógł skutecznie nawiązywać kontakty, aby uzyskać więcej ofert pracy.

Pomimo wszelkich starań, aby udzielić tych wyjaśnień, młody człowiek patrzy na mnie i mówi:

"Bishop, zostaw to, nie martwisz się o nic. "Odkryłem, że za każdym razem, gdy pojawia się okazja, nieważne jak łatwa jest dla innych ludzi w moim domu, jest ona trudna, nawet gdy drzwi są otwarte dla wszystkich, ale gdy tylko ruszę dalej, zobaczysz, że drzwi są zamknięte".

Spojrzałem na młodego człowieka po cichu, po chwili zastanowienia, powiedziałem:

"Twój problem jest w twoim umyśle i mózgu. Jesteś jak komputer z wirusem, musisz go oczyścić i pobrać jakieś oprogramowanie, aby działał poprawnie".

Po tej uwadze podzieliłem się z nim kilkoma zasadami dotyczącymi wpływu, jaki istnieje pomiędzy naszymi myślami i działaniami, na pewne ograniczające przekonania, niektóre z samo-proroctw, które mogą być dla nas szkodliwe.

Mówię tu o pobieraniu oprogramowania dla mózgu i umysłu, które będzie kształtować sposób życia ludzi.

Program komputerowy to zestaw programów, procedur niezbędnych do działania systemu.

Nasz mózg to złożony system, który pozwala człowiekowi dobrze myśleć, dobrze mówić, dobrze działać, dobrze komunikować się i dobrze dostosowywać do swojego otoczenia.

Uważam, że w ramach rozwoju osobistego ważne jest, aby każdy pobierał skuteczne oprogramowanie do prawidłowego funkcjonowania swojego mózgu.

To ściąganie może się zdarzyć, gdy uczestniczymy w konferencji, czytamy książkę, uczestniczymy w nauczaniu, a na końcu tego wszystkiego udaje nam się wydrukować te myśli w naszym mózgu i umyśle, tak aby stanowiły one oprogramowanie, które będzie miało wpływ na nasze myśli, nasz sposób komunikowania się, nasz sposób życia.

Metafora Mózgu i komputera...

Francuz, **Steve Abd Al Karim**, ekspert w dziedzinie nauk behawioralnych, używa metafory komputerowej, aby zilustrować, jak działa mózg w naszym życiu.

Każdy z nas jest wyposażony w **komputer w domu lub w biurze**. Bardzo często, w momencie zakupu, nikt nie miał czasu na przeczytanie instrukcji lub podręcznika, który jest dołączony do tego komputera przed użyciem go.

Następnie, aby komputer mógł służyć nam z dużą wydajnością, musimy zainstalować oprogramowanie Windows takie jak WORD, EXCEL, POWERPOINT, itp.

Następnie, bardzo często, jeśli nie jesteśmy ostrożni, nasze komputery są narażone na działanie wirusów, które spowalniają prędkość pamięci RAM.

Aby je chronić, kupujesz lub pobierasz program antywirusowy lub inne oprogramowanie zabezpieczające Twój komputer.

Tak samo jak **nasze mózgi. Wszyscy rodzimy się z mózgami**. Wszyscy rodzimy się z mózgami. **Jest to** centrum naszych działań życiowych.

Paul Vincent Norman wskazał, że jedyną funkcją naszego ciała jest wspieranie naszego mózgu.

Więc wszystko, co mamy jako części ciała, ręce, nogi, żołądek, jest w ciele, aby wspierać nasz mózg.

Od urodzenia, kiedy obdarzono nas mózgiem (który porównuje się z komputerem), nasze matki nie uczyły nas, jak go w pełni wykorzystać (nie czytały podręczników, instrukcji dla naszego mózgu).

A jednak istnieją treningi, techniki, które mogą nas nauczyć, jak prawidłowo korzystać z naszego mózgu.

Jak powiedzieliśmy powyżej, aby prawidłowo korzystać z naszych komputerów, programujemy oprogramowanie Windows, takie jak Word, Excel, PowerPoint, itp.

Tak jak nasze mózgi kierują naszym życiem, tak i my musimy pobierać oprogramowanie do naszych mózgów, aby właściwie funkcjonować i wpływać na nasz styl życia.

Dla pozytywnego życia pełnego spełnienia ważne jest, aby pobrać oprogramowanie takie jak :

- ✓ **Pozytywne myśli.**
- ✓ **Pomagając w przekonaniach.**
- ✓ **Siła mowy.**
- ✓ **Komunikacja bez użycia przemocy (NVC).**
- ✓ **Zarządzanie negatywnością.**
- ✓ **Siła pozytywnego myślenia.**
- ✓ **Bardzo ważne aplikacje menedżerskie.**
- ✓ **Zastosowanie, jak dobrze zaprezentować się w świecie biznesu, itp...**

Ta lista może nie opisywać wszystkich możliwych skutków ubocznych.

Ta lista aplikacji do pobrania do naszych mózgów, do naszych umysłów, aby poradzić sobie z życiem jest bardzo długa.

Niestety, nasz mózg może być zainfekowany wieloma wirusami. Te wirusy mogą być:

- ✓ **Pewne ograniczające przekonania, które uniemożliwiają postęp danej osoby.**
- ✓ **Boi się popełniać błędy.**
- ✓ **Impuls.**
- ✓ **Prokrastynacja.**
- ✓ **Negatywne autoprofesze o sobie, takie jak ''Jestem do bani... Nie mogę tego zrobić... Nie mogę tego zrobić... nie ma pracy w tym mieście, jestem matką i bez ojca...**
- ✓ **Negatywność.**

Całe to myślenie może spowolnić tempo naszej samorealizacji.

Mogą one stanowić przeszkodę dla naszego rozwoju.

Ktoś, kto często używa tego rodzaju języka, po prostu programuje swoją porażkę.

Na przykład ten, który mówi **"jak głupi byłem, że byłem"**, jeśli ma w swoim mózgu oprogramowanie **antywirusowe o mocy mowy**, to oprogramowanie to bezpośrednio zastąpi te słowa słowami **"Powinienem był lepiej wykorzystać swój potencjał i swoją inteligencję"**, mózg sugeruje, że jest inteligentny.

Dajmy szybki przegląd każdego z oferowanych przez nas programów. Tutaj podaję wam podsumowanie, ale każda osoba jest proszona o szukanie książek, autorów, konferencji i nauczania każdej z omawianych zasad, aby w końcu pobrać to oprogramowanie w waszym umyśle lub mózgu.

Mówiąc o pobieraniu oprogramowania, zapraszamy do zanurzenia się w te zasady, do życia w codziennym życiu, do budzenia się z nim, do umieszczenia go w najgłębszej podświadomości.

Krótki przegląd oprogramowania do pozytywnego myślenia.

Istnieje kilku autorów, którzy mogą pomóc w wywieraniu wpływu i zarządzaniu myślami.

Ale sugeruję, że tym, który miał silny wpływ na moje myśli jest **"As a men thinketh"** Jamesa Allena.

Kiedy ściągniemy to oprogramowanie do naszego mózgu, zrozumiemy wpływ, jaki myśli mają na całe nasze życie.

Człowiek jest tym, co mu się wydaje.

James Allen dał jasno do zrozumienia, że **myśli i zachowanie są jednym**. Działamy tylko tak jak nasze myśli.

Myśli to nasiona, z których kiełkuje zachowanie. Tak jak nasiona kukurydzy mogą produkować tylko kukurydzę, a nie orzechy ziemne, tak pokrzywy produkują tylko pokrzywy, tak samo nasze zachowanie znajduje odzwierciedlenie tylko w naszych myślach.

Nie jesteśmy smutni za nic, nie rozwijamy agresywnych zachowań, wszystko to odzwierciedla nasze wewnętrzne myśli.

Tak jak po drugiej stronie, człowiek o postawie radości, spokoju, pogody ducha, po prostu odzwierciedla to, co jest w głębi jego myśli.

Nie możemy mieć niezdrowych myśli i czuć się dobrze w naszym otoczeniu.

Tak jak nie możemy wzbogacić myśli o byciu miłym dla jednej osoby, a następnie zachowywać się źle wobec tej samej osoby, tak nie możemy wzbogacić myśli o byciu miłym dla jednej osoby, a następnie zachowywać się źle wobec tej samej osoby.

Myśli są nasionami, z których kiełkuje zachowanie. Tak jak nasiona kukurydzy mogą dawać tylko kukurydzę, a nie orzeszki ziemne, a nasiona pokrzywy tylko pokrzywy, tak nasze zachowanie znajduje odzwierciedlenie tylko w naszych myślach.

David O. McKay powiedział: "Siewamy nasze *myśli i zbieramy nasze uczynki; siejmy nasze uczynki i zbieramy nasze nawyki; siejmy nasze nawyki i zbieramy nasze charaktery; siejmy nasze charaktery i zbieramy nasze przeznaczenie*".

(C. A. Hall, The Home Book of Quotations, New York: Dodd, Mead & Company, 1935, s. 845). (C. A. Hall, The Home Book of Quotations, New York: Dodd, Mead & Company, 1935, s. 845).

Myśli stwarzają okoliczności. Prędzej czy później to, co myślimy, stanie się w naszym życiu.

Dla tych, którzy zrozumieli tę głęboką prawdę o sile umysłowej, która jest siłą myśli, rozwijają oni wielką zdolność do samokontroli. Nie pozwalają, aby jakakolwiek myśl była podtrzymywana lub rozwijana w ich umysłach, ponieważ wiedzą, że prędzej czy później to, co mówimy i myślimy, w końcu stanie się w naszym życiu.

Myśli mają wpływ na okoliczności. Zapraszamy naszymi myślami okoliczności dobra lub zła.

Widziałem tę zasadę w życiu znajomego, którego znałem w college'u. Miała dość burzliwą młodość. Umawiała się z wieloma żonatymi przyjaciółmi, których widziała jako niewierzących swoim żonom.

Później wyszła za mąż za człowieka, który żył według zasad chrześcijańskich, bardzo wyjątkowego i o wysokiej moralności.

Pomimo cech męża, dziewczyna w myślach zawsze wmawiała sobie, że pewnego dnia jej mąż będzie ją oszukiwał, jak większość mężczyzn.

Jej myśli tworzyły okoliczności, zdarzyła się wycieczka, dziewczyna przez jakiś czas była z dala od męża i w nieoczekiwany sposób mąż pozostał w sytuacji, w której skończył zdradzając żonę z inną dziewczyną.
Stało się to po wielu latach wierności, ale żona miała w sercu myśl, że jej mąż zawsze będzie ją oszukiwał pewnego dnia.

Myśli sprawiają, że okoliczności stają się korzystne dla tych, których sobie wyobrażamy, dobrych lub złych.

Choroba, zdrowie, śmierć, zachowanie, okoliczności są zakorzenione w naszych myślach.

Myśl ma wpływ na ludzkie ciało.

Hiob powiedział to dobrze: "To, czego się boję, jest tym, co mnie spotyka; to, czego się boję, jest tym, co mnie spotyka" Hioba 3:25.

Strach i strach w naszych umysłach zatruwają krew, i szybciej tworzą śmierć.

Osoba, która myśli o chorobie, kończy na chorobie.

Ciągłe krytyczne myśli często wywołują reumatyzm. Guzy powodowane są myślami o zazdrości, nienawiści, odmowie przebaczenia innym, strachu. Każda choroba lub dyskomfort jest spowodowany niewygodnym stanem umysłu.

Myśli ożywione odmową wybaczenia wykroczeń są najczęstszą przyczyną wielu chorób, sklerozy tętnic, wątroby i chorób oczu.

Wszyscy musieliśmy myśleć o śmierci, zastanawiać się nad śmiercią. Ten strach przed śmiercią zatruwa krew ludzi, co powoduje, że wszyscy umieramy jeden dzień na raz.

Niektórzy przywódcy religijni zmarli bardzo wcześnie, ponieważ byli zbytnio nawiedzeni myślami o tym, co dzieje się po tym życiu, co dzieje się po śmierci. Im więcej o czymś myślimy, tym więcej się to wydarzy.

Ważne jest, aby szukać innych zastosowań wymienionych powyżej, aby kierować naszym zachowaniem, naszym mózgiem i naszym umysłem.

Podsumowanie tego rozdziału zawiera kilka opracowanych pomysłów:

1. Mówię tu o pobieraniu oprogramowania dla naszych mózgów i umysłów, które kształtuje sposób, w jaki ludzie żyją.
2. Wszystko, co mamy jako części ciała, ręce, nogi, żołądek, jest w ciele, aby wspierać nasz mózg.
3. Od urodzenia, kiedy obdarzono nas mózgiem (który porównuje się z komputerem), nasze matki nie uczyły nas, jak go w pełni wykorzystać (nie czytały podręczników, instrukcji dla naszego mózgu).
4. Ktoś, kto często używa negatywnego języka, po prostu programuje swoją porażkę.
5. Człowiek jest tym, co mu się wydaje.
6. Myśli mają bezpośredni wpływ na zachowanie, ciało i okoliczności.

Rozdział 8. Zarządzanie czynnikami, które mogą wpływać na naszą osobowość.

"Zmiana przynosi szansę.

Nido R. Qubein

Te dwa kolejne rozdziały pomogą ci odkryć, jakim jesteś człowiekiem, ludźmi, kim jesteś. Pozwoli to również na poznanie rodzajów ludzi wokół ciebie.

W tym ósmym rozdziale będziemy rozmawiać o tym, co powoduje, że człowiek staje się negatywny.

A w następnym rozdziale przyjrzymy się temu, jakimi ludźmi jesteśmy otoczeni w naszym środowisku zawodowym. Ci ludzie mogą być naszymi przywódcami, przełożonymi, kolegami.

Nie ma mowy o przemianie tych ludzi, nie trzeba już od niej uciekać, ale zobaczymy więcej, jak poradzić sobie z tymi negatywnymi ludźmi, którzy rozpalają nasze codzienne życie. Jak żyć z nimi, nie stając się takimi jak oni.

W tej książce mówiliśmy o tym, jak radzić sobie z ludźmi negatywnymi w naszym środowisku pracy, ale pamiętajmy, że rodzina jest pierwszym społeczeństwem, w którym jesteśmy powołani do pracy do końca życia.

Zawsze, gdy mówimy o firmie lub środowisku zawodowym, możesz zastąpić szefów swoimi rodzicami lub małżonkami, a kolegę swoimi braćmi i siostrami.

Minęło ponad piętnaście lat, odkąd podążałem za naukami pewnej amerykańskiej damy, wykładowcy i słynnej autorki, Zoie Kaye.

Sposób, w jaki ta pani pokazuje, jak możemy powiedzieć "nie" negatywnym opiniom, ma duży wpływ na sposób, w jaki myślę, na sposób działania. Ci nauczyciele głęboko mnie przemienili. Pani Zoie, chociaż mnie nie znała, ale te pisma, te wykłady pomogły mi odkryć, kim jestem.

Zarządzanie negatywami jest ważnym elementem w procesie odbudowy naszego życia. Pomaga nam to zrozumieć, kto jest wokół nas, jak wyeliminować negatywność w nas samych.

Kiedy już zrozumiemy, jak radzić sobie z negatywnością, możemy nie zmieniać otaczających nas ludzi, ale możemy sobie z nimi poradzić i mieć sposoby na radzenie sobie z życiem z nimi.

W tej książce przypomnę te zasady, jak powiedzieć "nie" negatywnemu, jak te doświadczenia pomogły mi osobiście.

Przede wszystkim ważne jest, aby zająć się **czynnikami**, które powodują, że człowiek staje się negatywny, takimi jak: **skutki obciążenia, sytuacja ekonomiczna, w której żyjemy, a także kontekst rodzinny**.

Efekty zmiany w życiu.

Każdego dnia jesteśmy powołani do tego, by żyć z wyzwaniami, które zmiana przynosi w naszym życiu.

Musiałem zorganizować warsztaty szkoleniowe na temat samodzielności, wśród uczestników był żołnierz ranny w wojnie, który stracił nogę. Ta zmiana w jego wyglądzie fizycznym głęboko zmieniła jego sposób widzenia rzeczy, stał się całkowicie negatywny w jego języku i wizji widzenia rzeczy. Przez cały czas martwił się o swoje relacje z żoną, o swój autorytet wobec kolegów ze służby, o to, jak ważne jest, by nadal służyć w społeczeństwie. Stwierdziłem, że ta zmiana w jego wyglądzie fizycznym miała silny, negatywny wpływ na jego życie.

Tak jak człowiek musi jeść, myć, spać i starać się zaspokajać wszystkie życiowe potrzeby, aby podtrzymać swoje życie, tak samo człowiek musi jeść, myć, spać i starać się zaspokajać wszystkie życiowe potrzeby, aby podtrzymać swoje życie. Tak samo jak zmiana jest naturalnym faktem związanym z naszym doświadczeniem.

Bez względu na to, czy nam się to podoba, czy nie, człowiek koniecznie przechodzi zmiany w jednej dziedzinie swojego życia.

Ta zmiana może być postrzegana jako szansa dla jednych, a także jako zagrożenie dla innych. Bez względu na to, jak ją podejmiemy, zycie będzie pełne wyzwań związanych ze zmianami.

Zmiana w naszym środowisku osobistym i rodzinnym nie pozostawia nas obojętnymi.

Może to być zerwanie z narzeczonym, rozwód z partnerem, śmierć przyjaciela, choroba, która następuje i paraliżuje cię, wypadek, który wpływa na całe twoje życie, niewierność małżonka, wszystkie te nieszczęśliwe wydarzenia nie pozostawiają nikogo obojętnym.

Może to być również nowa praca, nowy stopień, nowy związek miłosny, który sprawia, że nasze serca biją szybciej, nowy kraj do odkrycia, zmiana w środowisku pracy, te szczęśliwe wydarzenia w czyimś życiu nie pozostawiają ich obojętnymi.

Bez względu na to, jakich zmian dokonamy, wpływa to na naszą postawę i nasz sposób życia.

Ale musimy pamiętać o tym: "***Zmiany przynoszą możliwości***" - obserwacja ***Nido R. Qubeina***, *mówcy motywacyjnego, biznesmena, Libańczyka i Amerykanina, rektora High Point University od 2005 roku.*

Ale dla cyników i Negatywów, w życiu zdarzają się nawet miłe rzeczy. Dla nich nadejście tych wydarzeń jest źródłem nieszczęścia.

Na przykład, żona z negatywnymi uczuciami, nawet toksycznymi; może narzekać na drugi samochód, który kupuje jej żona. Ona tylko zobaczy ten samochód jako źródło niewierności dla swojego męża z jakiegokolwiek powodu.

W miejscu pracy zmiany w środowisku pracy mogą mieć pozytywny lub negatywny wpływ na Twoją postawę, np. pojawienie się nowego szefa, ogłoszenie decyzji o redukcji personelu lub pojawienie się lub zatrudnienie kilku innych pracowników, którzy muszą teraz z Tobą pracować.

Cokolwiek się zmieni, nie stawiajmy oporu, tylko żyjmy z tym! Zmiana jest częścią naszego życia, zmiana zawsze będzie miała miejsce, żyjmy z nią, radźmy sobie z nią!

Sytuacja gospodarcza.

Rosnące obciążenia finansowe mogą być również elementem, który może zmienić nas w negatywną, toksyczną osobę.

Gdy tylko przyjechałem do Europy, pierwszą stałą, jaką zrobiłem wokół siebie, było to, że ludzie narzekali na długą listę rachunków, które musieli płacić pod koniec miesiąca.

Każdy etap życia niesie ze sobą pewne obciążenia finansowe. Kiedy jesteśmy samotni, żyjemy samotnie, obciążenia finansowe są inne. Kiedy jesteśmy małżeństwem, to też staje się inne. A kiedy przychodzą dzieci, zwiększa się też obciążenie finansowe.

Nie mieliśmy samochodu, lubimy korzystać z transportu publicznego, natomiast możemy dostać się do miasta, ponieważ w pewnych okolicznościach transport publiczny może być nieco tańszy. Po zakupie samochodu, myślisz, że jesteś rozwiązanie problemu, ale presja rachunków rośnie, ubezpieczenie, winieta, kontroli technicznej, konserwacji, itp.

W tym nowoczesnym życiu z finansowym przeciążeniem zarówno mężczyźni, jak i kobiety muszą podejmować wysiłek, pracując poza domem, aby związać koniec z końcem.

Stawiają czoła wielu rachunkom za życie i utrzymanie domu.

Jeśli ktoś nie jest dobrze przygotowany, ta zmiana postrzegania was dwojga jako pary idącej do pracy może stworzyć albo negatywną postawę oporu, zagrożenie dla stabilności pary, albo drzwi do kłótni.

Niezależnie od przypadku, obciążenia finansowe wpływają na postawę jednostki. To może sprawić, że będzie zły, sceptyczny, negatywny, toksyczny i niezadowolony.

Niektóre konteksty rodzinne :

Pewne konteksty rodzinne, pewne style życia mogą podkreślać nasz negatywny stosunek do życia.

Z łatwością ludzie, którzy żyją w realiach, które zacytuję poniżej, będą mieli prawdopodobnie negatywne nastawienie w swoim życiu.

1. Życie w "kanapkowym pokoleniu".

Określenie "kanapka" odnosi się do bochenka chleba z kilkoma składnikami ułożonymi na sobie. Element, który łączy w sobie kilka rzeczy.

Mówimy więc o życiu w "pokoleniu kanapkowym", kiedy kilka pokoleń mieszka razem w jednym domu: rodzice, dzieci, wnuki, które są dziećmi dzieci, starsze dzieci, które mają dzieci w tym samym domu, które nadal mieszkają w domu rodziców, są pod opieką tych samych rodziców.

Często stają w obliczu strasznej sytuacji finansowej.

Ten kontekst życia łatwo tworzy "Negatywistów", "Rozgoryczonych". Wśród tych ludzi żyjących w kontekście będzie więcej złośliwych ludzi. Czasami nawet wspólne życie w kontekście "pokolenia kanapkowego" tworzy klimat nieuczciwej konkurencji między rodzeństwem, zwłaszcza w przypadku efemerycznych, bardzo banalnych rzeczy w życiu.

Nie zdziw się, gdy odwiedzisz rodzinę żyjącą w "pokoleniu kanapkowym" i znajdziesz dwoje dzieci walczących o łyżkę stołową!

Promiscuity promuje ubóstwo. Promiscuity wywołuje gorycz.

2. Życie z "syndromem kraba".

Wkładając kilka krabów do miski, zauważymy, że krab próbujący się wydostać jest szybko ściągany przez pozostałych za nim.

W kontekście rodzinnym, gdzie kilku członków rodziny zależy od jednej osoby pracującej. Ta jedna osoba znajduje się w sytuacji, w której musi opiekować się rodzicami, rodzeństwem, przyjaciółmi, kuzynami, nowymi.

A jeśli mają też swoją własną rodzinę, będą musieli nakarmić swojego partnera i dzieci.

Jedyna niezależna osoba w rodzinie jest jak krab, który próbuje wydostać się z dziury, ale nie może, ponieważ ładunki, pozostałe, również go ciągną w dół.

Często sytuacja ta może mieć wpływ na samą osobę lub jej otoczenie, aby w każdej chwili płakać, ponieważ nie czuje się spełniona.

Co gorsza, ci podopieczni, którzy wiele od niego oczekują, czują, że otrzymują okruchy. Czują, że mają do tego prawo nawet więcej niż dostają.

Kontekst lub sposób życia w "syndromie kraba" tworzy sfrustrowanych, niezadowolonych, zbuntowanych ludzi. Wszystkie te kategorie ludzi są częścią rodziny "Negativistów", ludzi, którzy stają się toksyczni dla innych.

Niestety, widać, że ludzie w krajach rozwijających się, krajach trzeciego świata, Afryce, Ameryce Południowej są bardziej narażeni na życie w tych dwóch kontekstach życia rodzinnego.

Teraz, gdy jesteśmy na końcu tego rozdziału, podsumujmy pomysły zawarte w tym rozdziale:

1. Zmiana przynosi szansę.
2. Bez względu na to, czy nam się to podoba, czy nie, człowiek koniecznie przechodzi zmiany w jednej dziedzinie swojego życia.
3. W miejscu pracy zmiany, które mają miejsce, mogą mieć pozytywny lub negatywny wpływ na Twoją postawę, np. pojawienie się nowego szefa, ogłoszenie decyzji o redukcji personelu lub pojawienie się lub zatrudnienie kilku innych pracowników, którzy muszą teraz z Tobą pracować. Ważne jest, aby być na to przygotowanym.
4. *Cokolwiek się zmieni, nie stawiajmy oporu, tylko żyjmy z tym! Zmiana jest częścią naszego życia, zmiana zawsze będzie miała miejsce, żyjmy z nią, radźmy sobie z nią!*
5. Rosnące obciążenia finansowe mogą być również elementem, który może zmienić nas w negatywną, toksyczną osobę.
6. Pewne konteksty rodzinne, pewne style życia mogą podkreślać nasz negatywny stosunek do życia.

Rozdział 9. Jakim jesteś człowiekiem? Jakich przywódców prowadzisz? Jacy koledzy cię otaczają?

Przez kilka lat pracowałem w firmie, która miała silną strukturę opartą na szacunku dla hierarchii, wewnętrzne zasady i przepisy, które były warte o wiele więcej niż cokolwiek innego.

Tak więc istniała tendencja do tego, że niektórzy kucharze bardziej przejmowali się narzędziami dostarczanymi do obsługi, takimi jak pojazdy, drobna gotówka, przestrzeganie godzin spotkań, itp.

Kierując się bardziej zasadą 80/20, innymi zasadami dotyczącymi wyników i wydajności, skupiłem się na ważniejszych rzeczach, które mogłyby zmienić to, co firma ma do zaoferowania. Dla mnie, pojazdu pracy, spotkania były tylko środkiem do osiągnięcia wyniku, nie były one końcem w moich oczach. Od czasu do czasu dochodziło więc do drobnych nieporozumień co do wykorzystania środków, którymi dysponuję w celu wykonania swojej pracy, oraz co do sposobu, w jaki musiałem stosować się do pewnych instrukcji.

Szybko zrozumiałem, że aby lepiej utrzymać tę pracę, być w harmonii, musiałem znać rodzaj kierownika, którego mam, kolegę wokół mnie i znać siebie samego, aby właściwie zarządzać sytuacją.

W firmach, podobnie jak w naszych rodzinach, otaczają nas ludzie, którzy lubią narzucać swój autorytet, niektórzy postrzegają rzeczy jako złe, inne dobra bardziej przypominają zasady firmy, rodziny niż dobro ludzi, którzy nawet tworzą tę firmę czy tę rodzinę.

Teraz, gdy zrozumieliśmy, że pewne sytuacje mogą zmienić nas w ludzi negatywnych lub toksycznych. Ważne jest, aby patrzeć do wewnątrz, badać siebie, ustalać, jakim jesteśmy człowiekiem, jakimi ludźmi jesteśmy wokół nas, kolegami, braćmi i siostrami.

Poza tym, jaki rodzaj przywódców nas prowadzi? Rodzic, mąż, żona, itd.

Na początek, aby lepiej zrozumieć siebie, będziemy rozmawiać o trzech typach ludzi. Patrząc na scenariusz, łatwo będzie Ci dowiedzieć się, czy jesteś:

Optymista, pesymista lub negatywista.

Kiedy coś się stanie, to jak zareagujesz, może określić typ osób, do których należysz. -

Poniżej znajduje się scenariusz. Czytając tę książkę, wyobraź sobie tę scenę i zadaj sobie pytanie, jak zareagujesz na tę sytuację.

Masz dobrą, stabilną pracę, dobrą pensję, płatny urlop i wiele innych świadczeń.

Pewnego pięknego ranka wchodzisz do swojego miejsca pracy, siedzisz wygodnie w swoim biurze, a twój szef wchodzi i mówi: "Sir, jesteśmy bardzo zadowoleni z tego, czym się pan zajmuje, ale z przykrością muszę powiedzieć, że sprawy nie układają się w firmie tak, jak byśmy chcieli. Odwaliliście kawał dobrej roboty, ale niestety musimy zredukować personel, zatrzymamy tych z większym stażem pracy.

Zatrzymamy cię na ten miesiąc, pod koniec miesiąca wypłacimy ci pensję, a także zaświadczenie o zakończeniu służby, które możesz wykorzystać do znalezienia pracy gdzie indziej".

Jaka byłaby twoja reakcja?

Przestań czytać, pomyśl przez chwilę, zapisz swoją reakcję, a następnie wróć do czytania, dowiedz się, na jaką osobę wyobrażałeś sobie, że zareagujesz.

Wiele osób stanęło w obliczu tej dramatycznej sytuacji. Tak długo, jak pracujesz dla ludzi, ważne jest, aby pewnego dnia oczekiwać tego rodzaju sytuacji.

W obliczu tej zmiany, tego zdarzenia, które pojawia się nagle, istnieje wiele różnych reakcji w zależności od jednostki.

Inni uznali to za dramatyczną sytuację, koniec świata, apokaliptyczne wydarzenie, z którego nie ma wyjścia.

Podczas gdy niektórzy ludzie, którzy, jak sądzę, należą do mniejszości, uznali to za sytuację przejściową. Ta mniejszość ludzi może uznać tę sytuację za źródło "otwartości na inne możliwości może być jeszcze większa".

Przeanalizujmy, niektóre rodzaje reakcji i ludzi, pamiętając, że przed szklanką do połowy pełną, będzie ona inaczej widziana przez kilka osób. Jedni zobaczą ją jako szklankę do połowy pełną, a inni będą ją widzieć jako szklankę do połowy pustą.

Optymista:

Optymista to osoba, która postrzega życiowe niepowodzenia jako chwilową sytuację. Aktywnie poszukuje tego, co pozytywne, nawet w nieszczęściu, angażuje się w poszukiwanie innych możliwości.

Więzienie było błogosławieństwem dla rodziny Józefa Jakuba.

Optymista nie poddaje się, nie poddaje się. Kontynuuje aż do osiągnięcia celu.

Może nawet krzyczeć w swojej nieszczęśliwej sytuacji, mówiąc, że jakoś nieszczęście jest dobre.

Optymista, przed sceną dzisiejszego ranka, może potrzebować czasu, aby popłakać się przez kilka minut, jeśli będzie musiał, ale nie bądź długo w stanie wstać i znaleźć różę za tym kolcem.

Pesymista:

Jest to osoba, która widzi tę zmianę ciemno, łatwo się poddaje, czuje się niezdolna do przezwyciężenia sytuacji.

Pesymista może nawet nie zaakceptować sytuacji, mimo że wie, że jest autorem, który ją stworzył. On łatwo indeksuje drugiego nawet za swoje błędy.

Dobre wieści dla tej kategorii, dla pesymisty sytuacja może wydawać się "wyzwaniem", ale po wielu przemyśleniach, wielu przemyśleniach, i tak dalej, pesymista może wyjść z sytuacji, ale może to nastąpić dopiero po wielu wysiłkach.

Negatywista:

Najgorsza reakcja jest negatywna. Negatywny człowiek myślałby, że bez względu na to, co by zrobił, nic by się nie udało.

Negatyw najpierw poszuka sprawcy i weźmie go na siebie, i uwierzy, że sytuacja zdarzyła się z powodu takiego i takiego człowieka.

Kiedy nadchodzi wyzwanie, łatwo się poddaje, widzi, że nie ma rozwiązania we wszystkich kierunkach, szuka bête noire, kogoś odpowiedzialnego za swoją sytuację i pozostaje w nieszczęściu.

Według Zoie Kaye, Ostatecznie, sposób w jaki postrzegasz rzeczy wokół siebie może określić twój stosunek do innych, do siebie samego.

Również nasz sposób reagowania na sytuację, albo optymistyczną, pesymistyczną, albo negatywną, jest tworzony bardzo wcześnie, być może od najmłodszych lat, ale okoliczności, wydarzenia, które nas spotykają, mogą sprawić, że zmienimy nasze nastawienie albo staniemy się pozytywni, albo pozostaniemy negatywni, jeśli tak było.

Typy ludzi w świecie zawodowym.

Teraz, gdy już sam wiesz, zobacz z jakimi negatywnymi ludźmi masz do czynienia i jak sobie z nimi radzić.

Porozmawiamy o tym, jakich liderów możesz mieć w swoim miejscu pracy, ale także o tym, jakich współpracowników masz wokół siebie.

Jak wspomniano powyżej, te same obserwacje mogą być zastosowane w waszych rodzinach

Rodzaj szefa kuchni

Omówimy pięć typów szefów kuchni, które można znaleźć w profesjonalnym środowisku. Ale ta teoria odnosi się do każdej osoby, która przyznaje sobie władzę nad innymi. W środowisku rodzinnym może to być małżonek, rodzic, starszy.

1. Jeden szef (szef) Negatywny :

Większość ludzi pracuje z szefem i mówi do siebie: "Gdyby tylko ten szef mógł zmienić sposób pracy, w tym biurze będzie inaczej.

Negatywni szefowie to ludzie, którzy nigdy nie akceptują swoich błędów, zawsze winią innych ludzi za swoje własne błędy, które popełnili.

Możliwe rozwiązanie: Z taką osobą trudno jest powiedzieć, co dokładnie należy zrobić, ale rozwiązaniem byłoby opracowanie strategii, która pozwoli na przetrwanie z nią.

2. Szefie "Avaricious" lub "Avaricious":

Skąpy szef, gdy przychodzi do biura, nie wita się z nikim, nie uśmiecha.

Pierwsza rzecz, która wychodzi z jego ust to: ***"Nigdy wcześniej nie widziałem takiego biura". Naprawdę jesteśmy za wszystkimi! Nie sądzę, żeby w tym biurze było lepiej.***

Możliwe rozwiązanie: Z takimi ludźmi, nie próbuj się kłócić, nie kłóć się, dobrze jest trzymać się z daleka od tych małych, których możesz. Trzymaj się najlepszego, co możesz zaproponować w tej sprawie.

Bardzo często, przez cały dzień, dowiadujemy się, co sprawiło, że nastawienie tego lidera było negatywne.

3. Szefie. "Tak, ale...

Czy kiedykolwiek przyszedłeś do swojego biura z wielkim pomysłem, jesteś zbyt pewny siebie i wmawiasz sobie te pomysły po ich zaakceptowaniu i wdrożeniu, sprawy w tej firmie ulegną znacznej zmianie.

Już z tym pomysłem, widzisz siebie obiecanego ''wiceprezesa firmy''.

Kilka minut po rozmowie z The Bossem mówi: to *dobry pomysł, ale próbowaliśmy już czegoś takiego 10 lat temu, ale to nie zadziałało, jestem bardzo pewna, że nawet dzisiaj by się nie udało.*

Jeśli wpadniesz przed tego rodzaju reakcją, musisz zadać sobie pytanie Ten opór lidera oznacza co?

Czy ten szef kuchni chce, żebym sprzedawał więcej?

Bardzo często ten opór lidera może być testem, tylko po to, aby sprawdzić, czy opanujesz temat, pomysł, który przedstawiasz.

Zadaj sobie pytanie, czy jesteś wystarczająco przygotowany, aby bronić swoich pomysłów?

Możliwe rozwiązanie. Z takim liderem, trzeba się trochę oprzeć. Zaprezentuj ponownie swoje pomysły z większym skutkiem, strategie. Może to być po prostu pytanie do lidera, aby wiedzieć, jak poważnie podchodzisz do tego, co proponujesz, on po prostu chce cię popchnąć do argumentacji więcej z pasją i entuzjazmem.

Jeśli wiesz, że pracujesz u szefa kuchni, który jest "**Tak, ale**"... zawsze bądź bardziej przygotowany w tym, co oferujesz. Porozmawiaj o rzeczach, które wcześniej nie działały i pokaż, jak Twój pomysł wypełni się i posunie do przodu.

4. Szef "Tragicznego Dramatu"...

Ten rodzaj przywódcy, wszystko jest tragiczne, wszystko jest dramatyczne. Nawet mały incydent dla tego przywódcy jest zawsze poważny.

Przed sytuacją, na przykład, jesteś wybrany, aby dokonać dostawy o 16:00, ale zrobiłeś to o 16:03 pm. Dla tego przywódcy ta sytuacja może być tragiczna i poważna. Nawet jeśli wpływ działania może być efemeryczny, to dla niego może to dramatyzować.

Możliwe rozwiązanie: Często podczas pracy z takim liderem będziesz miał zbyt wiele zagrożeń. Będziesz czuł zbyt duży nacisk na plecy, ale bez względu na te słowa i groźby, przed tak tragicznym przywódcą, zachowaj *spokój, nie panikuj*.

Nie próbuj go powstrzymywać ani usprawiedliwiać się, gdy on mówi, to tylko przyczyniłoby się do tragedii.

5. *Perfekcjonista:*

Lider perfekcjonista sam niekoniecznie jest osobą negatywną, ale potrafi po prostu stworzyć negatywną atmosferę w firmie.

Są one od ludzi, którzy oczekują, że wszystko będzie dobrze zrobione, nie tylko przez ciebie, ale nawet przez niego samego. Jest to osoba, która nawet gdy wszystko jest dobrze napisane, wykrywa i szuka albo przecinka, albo brakuje "iota".

Pracowałem z szefem kuchni, który taki był. Pamiętam, wszystkie propozycje korespondencyjne, moje maile, nawet kiedy kilka razy dbałem o przegląd, a kiedy wszystko było idealne, zawsze brakowało przecinka, akcentu lub kropki.

Kiedy wróciłem z podróży służbowej, podczas pobytu w obcym kraju kupiłem na lotnisku zsiadłe mleko.

Wydaje się, że cena tego twarogu była o kilka centów wyższa niż zazwyczaj wiedzieliśmy, a to tylko dlatego, że był na lotnisku.

Kiedy zatwierdził moje rachunki i mój raport z podróży, po prostu podszedł do jednego rachunku i krzyknął: **"Russel, jakie drogie twarożki?"**.

Rozśmieszyło mnie to, ale trochę zniechęcił fakt, że na początku nie doceniał nawet mojego poświęcenia i pracy, którą właśnie wykonałem, ale tylko jeden minus z rachunku za zsiadłe mleko przykuł jego uwagę, by nakarmić głód doskonałości.

Na szczęście, znałem go. Wiedziałem, że tak naprawdę nie był negatywnym przywódcą, ani nie miał złych intencji. Kierowało nim po prostu poczucie doskonałości.

Więc sytuacja nie wpłynęła na mnie.

Możliwe rozwiązanie: Najlepszym sposobem pracy z liderem perfekcjonistów jest zadawanie wielu pytań, upewnij się, że rozumiesz, czego on od Ciebie chce.

Rodzaj kolegów.

Teraz, gdy mieliśmy pomysł na to, z jakimi przywódcami, rodzicami, małżonkami możemy sobie poradzić i jak znaleźć rozwiązanie.

Ciekawe byłoby również zobaczyć, jakiego rodzaju kolegów i koleżanki możemy mieć w pracy, jakich przyjaciół mamy wokół siebie czy rodzeństwo w rodzinie.

Zoie Kaye wyróżniła kilka typów współpracowników, które po prostu podsumuję w trzech kategoriach, które bardziej mnie interesują:

1. The Grouch:

Grouch jest typem osoby, która na przykład po prostu siedzi w twoim biurze. Zawsze czekasz obok, żeby powiedzieć koledze:

"Nie wiem jak mogę zostać w tej pracy, mówię Szefowi, że ten projekt nie zadziała, narzędzia i maszyny, których używamy są stare i archaiczne".

Ten płaczliwy krzyk, że czekasz na nich dzień po dniu. W każdej chwili, on tylko o tym ssie.

Możliwe rozwiązanie: Musimy tylko zadać sobie pytanie: Czy ten kolega wie, jaki jest negatywny?

Są ludzie, którzy dorastali w negatywnym środowisku, w pesymistycznym środowisku, i którzy wykuwali swój charakter do tego stopnia, że stali się negatywni, nie wiedząc o tym, jeśli masz osobisty związek, spróbuj z nim o tym porozmawiać i zmotywować go. Słuchając go, będziecie mogli dowiedzieć się, skąd bierze się jego negatywność.

2. Manipulator:

To osoba, która widzi innych jako pionki w grze w szachy.

Zaczynają pilnie śledzić pracę innych. Stwarzają sytuacje zgodne z ich nastrojami. Ich główną bronią jest zastraszanie. Lubią sprawiać, że inni czują, że są bezwartościowi, że nie są wystarczająco zdolni, aby zrobić to, o co zostali poproszeni.

Możliwe rozwiązanie: W obliczu propozycji manipulatora, po prostu powiedz mu: "Dziękuję".

Podziękuj mu za jego troskę o ciebie i powiedz mu, że zrobisz wszystko, co w twojej mocy, by wykonać swoją pracę, tak jak potrafisz. Nie dawaj mu szansy na karmienie się swoimi małymi kłótniami.

3. Ofiara:

Kolegę "ofiarę" można podsumować w tych lamentach: Dlaczego ja? Dlaczego wszyscy się na mnie uwzięli?

Kiedy słuchasz tych skarg od kolegi "ofiary", pierwszym wrażeniem jest współczucie, a jednak jest to niewłaściwe postępowanie.

Im bardziej będziesz mu współczuł, tym bardziej będzie współczuł jego skargom.

Możliwe rozwiązanie: Z poszkodowanym kolegą, posłuchaj go uważnie i pomóż mu samemu rozwiązać jego problemy.

Podsumujmy ten rozdział:

1. Porozmawiamy o trzech typach osób, o których łatwo będzie Ci się dowiedzieć, czy jesteś: **Optymista, pesymista lub negatywista.**

2. Kiedy coś się dzieje, to jak na to zareagujesz, może określić typ osób, do których należysz.

3. Omówimy pięć typów liderów, które można znaleźć w środowisku zawodowym: **lider negatywny, lider skąpy, tak-ale lider, lider perfekcjonista, lider tragiczno-dramatyczny.**

4. *Ciekawe byłoby również zobaczyć rodzaje współpracowników, których możemy mieć w pracy, przyjaciół wokół nas lub naszych braci i sióstr w rodzinie, rozmawialiśmy o 3 rodzajach: Grumbling,* ***Ofiara, manipulator***.

Rozdział 10. Nie stawiaj się w pozycji przegranego.

"Popełnianie, popełnianie błędów koryguje więcej niż wyjaśnia."

Chodź tu, Vicariah.

W społeczeństwie obserwujemy, że istnieją klasyfikacje na wszystkich poziomach, niektóre są pierwsze, inne drugie, a jeszcze inne ostatnie.

Bez względu na rangę, nikt nie przegra.

Czasami różnica między zwycięzcą a przegranym polega tylko na postawie.

ATTITUDE

"Postawa przynosi wysokość".

Niezależnie od tego, czy patrzyłeś na życie jako na grę, czy na walkę, gdy gra jeszcze się nie skończyła, wiedz, że nikt nie może z góry nazwać siebie przegranym.

Zarówno w walce, jak i w grze, możemy czuć się prowadzeni, zagrożeni, atakowani, czasami możemy nawet poczuć, że już przegrywamy, ale ponieważ gra jeszcze się nie skończyła, nie ma dowodów, że przegrywamy.

Jedyną rzeczą, która odróżnia przegranego od zwycięzcy, jest postawa.

Dla miłośników piłki nożnej są oni przyzwyczajeni do wspierania swojej drużyny do końca meczu.

Jakby to nie było to samo dla naszego własnego życia i życia innych.

Lojalni kibice wiedzą, że nawet dwie minuty regulacji czasu gry mogą zmienić wszystko, dając zwycięstwo lub porażkę swojej drużynie.

Tak jak ludzie pełni wiary, nadziei, pozytywizmu i determinacji w dążeniu do sukcesu wiedzą, że wszystko może się zmienić w ich życiu jeszcze przed ostatnią minutą ich śmierci.

Nauczyłem się tej lekcji w 1998 roku, kiedy mój kraj, DR Kongo, grał w Burkina Faso.

W 1998 roku w Burkina-Faso został rozegrany Puchar Afryki. Zespoły musiały stanąć twarzą w twarz na małym finale.

Wysoko zmotywowana drużyna Burkinabe, grała na swojej ziemi, wszystkie zalety, wszystkie szanse były po ich stronie. Mieli za sobą zarówno fanów, jak i przodków.

Przez cały mecz DR Kongo było zagrożone przez 4 bramki do 1.

W drugiej połowie, obie drużyny wróciły z szatni. W DRK trenował człowiek, którego nazwali **Watunda Prof**, człowiek bardzo dynamiczny i zdyscyplinowany. Również drużyna skorzystała z kilku utalentowanych młodych zawodników. Co najważniejsze, ci młodzi ludzie nie zaakceptowali łatwo porażki.

Wśród tych graczy byli Emeka Mamale, Korando Kasongo i Jerry Tondelwa.

Zawodnicy z DRK zdecydowali się wrócić na linię wyników i to właśnie w ciągu ostatnich trzech minut wszystko zostało wywrócone do góry nogami. DR Konga udało się wyrównać, zdobywając trzy bramki w trzy minuty. W rezultacie mecz wszedł w dogrywkę, rzut karny, dzięki czemu drużyna Konga mogła wygrać macha i zdobyła trzecie miejsce.

Mecz pomiędzy Burkina Faso a DRK w 1998 roku nigdy nie został utrwalony w pamięci tego afrykańskiego narodu.

Zastanawiasz się, co naprawdę wydarzyło się w umysłach tych młodych zawodników? Co usprawiedliwia stratę zespołu Burkinabe? Odpowiedź jest całkiem prosta: **postawa**.

"Postawa przynosi wysokość", mówią.

Ten sam scenariusz pojawia się kilka razy podczas spotkania dwóch najlepszych obecnie dużych zespołów na świecie, Real de MADRID i Barcelona. Każda drużyna grająca przeciwko tym dwóm zespołom wie, że dopóki pozostała jeszcze minuta do gry, mecz jeszcze się nie skończył.

Jaka jest różnica między graczami tych formacji a tymi z innych? Sprawiedliwa postawa.

Dzięki naszej postawie możemy pokazać, czy jesteśmy zwycięzcami, czy przegranymi.

Nasz umysł jest centrum wszystkich zwycięstw, wszystkich sukcesów.

W obliczu problemu, który wygląda jak góra, co z tym zrobić? Możemy to zrobić tylko psychicznie. Wynalezienie nowych technologii i inne podboje na świecie, wszystko to jest tworzone najpierw mentalnie, zanim się zmaterializuje.

Rodzimy się z umysłem, który daje doskonałą postawę zdolną do realizacji wszystkiego, co tylko możemy. Dlatego dziecko, zachęcone przez rodziców i nauczycieli przedszkolnych, zawsze wierzy, że jest zdolne do wszystkiego i staje się wszystkim, czego pragnie w życiu.

Im bardziej dorastamy, tym bardziej nasze umysły są dotknięte moralnym zanieczyszczeniem środowiska.

Nie możemy unikać popełniania błędów. Błędy są normalnymi faktami w procesie rozwoju danej osoby.

Odkryj swoją tożsamość

"Nie porównuj siebie do nikogo, jeśli to zrobisz, znieważasz siebie."

Bill Gates.

Amerykański pisarz, komik i dziennikarz **Dan Greensburg** powiedział: "*Jeśli naprawdę chcesz sprawić, by twoje życie było przygnębiające, spróbuj porównać siebie z innymi.*

Jak prawdziwe jest to wyrażenie. Porównywanie siebie do innych czyni cię nieszczęśliwym.

Inni zaczynają porównywać swój wygląd z wyglądem przyjaciela, aktora filmowego, gwiazdy sportu.

Albo zaczną porównywać się do innych pod względem osiągnięć, pod względem osiągnięć, jakie poczynili ich sąsiedzi. Można powiedzieć, że mój ojciec w wieku 25 lat znał już 4 języki, był żonaty i miał już dzieci, a ja jeszcze nie.

Albo często słyszymy tego typu skargi. Moje dziecko, z którym skończyliśmy studia dwa lata temu, znalazło już pracę, a ja wciąż się tu kręcimy.

Wszystkie te porównania z innymi są tylko bardzo dobrymi sposobami, aby uczynić nasze życie coraz bardziej przygnębiającym.

Każdy człowiek jest w tym życiu wyjątkowy. Każdy człowiek ma swoją własną misję do spełnienia.

Przez całe życie człowiek jest powołany, aby znaleźć to, co **Paulo Coelho**, w swojej **książce "Alchemik"**, nazywa: **Legenda osobista**.

Ważne jest, aby wcześnie znaleźć jego osobistą legendę, jego misję.

Aby to zrobić, będziemy musieli zadać sobie to pytanie, wśród 6 miliardów ludzi na ziemi, czy to, że chcę **być dodatkiem do ludzkości, czy też wkładem ludzkości?**

- **Dodatki człowieczeństwa**: jest to kategoria ludzi, którzy nie robią nic ze swoim życiem. Oni nie podejmują żadnego ryzyka. Oni nie mają żadnych planów, żadnych marzeń.

Dodatki ludzkości zbyt często narzekają i lamentują. Przyszli tylko po to, by towarzyszyć innym. Używając ostrych określeń, lub nie szarmancki, są ludzie, którzy są uważane za porażki w życiu.

Dodatki do ziemi to w większości ludzie, którzy żyją w "trybie samolotowym". Oni stawiają swoje życie w trybie samolotowym. Gdy telefon znajduje się w trybie samolotowym, nie odbiera żadnych połączeń, ani przychodzących, ani wychodzących. Nie pobiera nowych aplikacji.

Podobnie, życie w trybie samolotowym jest słodkie, wycofane do kąta, gdzie jest się zadowolonym ze zdjęć i aplikacji już znalezionych w telefonie. Żaden projekt studyjny, żaden profesjonalny projekt, strach przed zaangażowaniem się w związek, krótko mówiąc, jesteśmy w trybie samolotowym.

- **Wkład w** człowieczeństwo: jest to kategoria osób, którym udało się przyczynić się do tego, by uczynić coś w życiu, co poprawia życie innych.

Pod wieloma względami ktoś może być atutem dla społeczeństwa. Są to nauczyciele, lekarze, pisarze, taksówkarze, kierowcy autobusów, kelnerzy w restauracjach, kucharze, liderzy biznesu.

Krótko mówiąc, ci, którzy budzą się każdego ranka z duchem poprawy czyjegoś życia.

Ze względu na długi czas trwania klasyfikacji w tej kategorii, indywidualnie, trzeba odnaleźć swoją osobistą legendę, swoją misję w społeczeństwie.

W tej kategorii są tacy, którzy są uważani za **wielki "wkład do ludzkości", jak wynalazcy**, twórcy prądów myślowych, wyzwoliciele, itp...

Człowiek - wkład ludzkości - wypełnia swoją misję z radością. Nie wystarczy mieć zawód i powiedzieć, że to twoja osobista legenda. Ale osobista legenda wymaga czegoś więcej, to musi być dla ciebie pasja, praca, którą czujesz w głębi serca, że urodziłeś się, aby to zrobić.

Francuz, **Steve Abd Al Karim**, ekspert w dziedzinie nauk behawioralnych, mówi, że **"wkład w ludzkość", który odnosi** sukces w ich osobistej legendzie, przechodzi przez tę formułę:

Spróbuj - nie udało się - udało się.

Zapominają o pojęciu straty i porażki. Próbują, zawodzą, próbują i zawodzą, aż im się uda.

Kluczem do sukcesu dla **ludzi, którzy przyczyniają się do rozwoju ludzkości**, jest podejmowanie wielu prób, aż do osiągnięcia sukcesu.

Tylko 5% ludzkości osiąga to w kategoriach sukcesu, pieniędzy i potencjału intelektualnego.

Reszta 95% ludzkości poddaje się po porażce, nie akceptuje więcej ryzyka, męczy się i poddaje się.

W anegdocie **Thomas Edison**, wynalazca żarówki, powiedział, że nie miał tysiąca porażek, zanim udało mu się stworzyć żarówkę, ale że udało mu się znaleźć tysiąc sposobów, aby nie stworzyć żarówki.

Więc, jego 1000 prób i porażek było tylko drogą do jego sukcesu.

Nie ma światła bez cienia.

Błędy i porażki przygotowują do pewnego sukcesu.

David Goggins, amerykański motywator, podkreślił znaczenie podejmowania ciągłych wysiłków nawet po porażce.

W swoich wykładach mówi, że dziś tak łatwo odnieść sukces, ponieważ większość ludzi jest słaba. Jesteśmy w pokoleniu "miękkich" ludzi, ludzi, którzy lubią łatwość. Jeśli masz najmniejszą wytrwałość, najmniejszą dyscyplinę, najmniejszą zdolność do robienia rzeczy, których nienawidzisz, po drugiej stronie jest sukces.

Każdy, komu udało się stworzyć swoją osobistą legendę, jego misja w społeczeństwie zaczyna się od **marzenia**.

Musimy spojrzeć w przyszłość i zobaczyć, że robimy coś wspaniałego, przynoszącego ludzkości niesamowite rozwiązanie.
Zapisz ten sen na papierze, na obrazie, na ścianie, w szafie, a nawet więcej, zapisz go z tyłu głowy. Wyobraź sobie, jaki będziesz i jaki będzie świat, gdy zrealizujesz swoje marzenie.

Ludzie, którzy przyczyniają się do rozwoju społeczeństwa, pojawiają się bardzo wcześnie. Wyznaczają cele. Oni wiedzą, którą drogę wybrać.

Kiedy nie wiesz, w którą stronę się udać, nigdzie się nie dostaniesz. Odwrócimy się i w końcu zdamy sobie sprawę, że dotarliśmy do nikąd.

Wyobraź sobie, że wsiadasz do taksówki, kierowca pyta cię, dokąd jedziesz? A ty odpowiadasz: jedź, ja nigdzie nie jadę, ja znajdę miejsce, gdy ty będziesz jechał.

Wyobraź sobie energię, jaką zużywałby ten samochód, zmęczenie, jakie ten kierowca będzie miał podczas jazdy w kółko. I w końcu dojdziesz do nikąd z miejsca przeznaczenia.

Dlatego bardzo ważne jest, aby od samego początku określić cel swojego życia. Bardzo wcześnie, w młodym wieku, trzeba znaleźć swoje marzenie, swój cel, swoją osobistą legendę.

Jak mówi Stephen Covey, z 7 przyzwyczajeń ludzi sukcesu w życiu, trzeba widzieć koniec od początku!

Wtedy musisz znaleźć swoją osobistą siłę. Każdy człowiek ma moc, która czyni go wyjątkowym. Znaleźć osobistą moc, która śpi w każdym człowieku, połączyć się z tą boskością, która w nas leży.

Ta moc może być zdolnością do dotykania serc innych, mocą ręki do uzdrawiania innych, potencjałem do bycia zawsze tam, gdzie inni są dobrzy. Może to być zdolność do szybszego myślenia niż inni, dar dostrzegania większej ilości rozwiązań niż problemów.

Szukaj, szukaj, szukaj, aż znajdziesz tę moc w sobie. To pozwoli ci robić to, co tylko ty możesz robić lepiej niż inni.

Znajdź swoją osobistą legendę.

W jakiej kategorii jesteś? Dodatek do społeczeństwa czy wkład do ludzkości?

Gdy tylko odpowiedź na to pytanie znajdzie się w twoim życiu, nigdy nie znajdziesz się wśród przegranych.

Krótkie podsumowanie tych kilku przedstawionych zasad:

1. Nieważne, w jakich szeregach się znajdujecie, nikt nie przegra.
2. Czasami różnica między zwycięzcą a przegranym polega tylko na postawie.
3. Nasz umysł jest centrum wszystkich zwycięstw, wszystkich sukcesów.
4. Nie porównuj się z nikim, jeśli to robisz, to się obrażasz.
5. Każdy człowiek jest w tym życiu wyjątkowy. Każdy człowiek ma swoją własną misję do spełnienia. Ważne jest, aby znaleźć własną, osobistą legendę.
6. Aby znaleźć swoją osobistą legendę, trzeba będzie zadać to pytanie, czy wśród 6 miliardów ludzi na ziemi, chcę **być dodatkiem do ludzkości, czy wkładem ludzkości?**
7. Błędy i porażki przygotowują do pewnego sukcesu.
8. Ludzie, którzy przyczyniają się do rozwoju społeczeństwa, pojawiają się bardzo wcześnie. Wyznaczają cele. Oni wiedzą, którą drogę wybrać.
9. Kiedy nie wiesz, w którą stronę się udać, nigdzie się nie dostaniesz. Odwrócimy się i w końcu zdamy sobie sprawę, że dotarliśmy do nikąd.
10. Szukaj, szukaj, szukaj, aż znajdziesz tę moc w sobie. To pozwoli ci robić to, co tylko ty możesz robić lepiej niż inni.

JEŚLIJ LUDZIWE SIEBIE

Kiedy czujesz się cały w sobie na wszystkich poziomach, fizycznie, psychicznie i duchowo, jesteś naprawdę zdrowy. To nie jest daleko, to jest w tobie.

Sadguru.

Rozdział 11. Karmienie głodnych.

"Człowiek spaceruje ze swoim głodem i...
"Apetyty, które musi koniecznie karmić.
Russel Subayi Mbaya.

Aby czuć się całością, człowiek musi mieć doskonałą równowagę w tych 4 ważnych aspektach, które go tworzą: **ciało, umysł, dusza, serce.**

Te aspekty pomagają człowiekowi nadać sobie wartość, którą inni będą mogli w nim rozpoznać.

Kilka zdarzeń w życiu może mieć wpływ na pewien aspekt. Może się okazać, że ten czy inny aspekt jest złamany, albo przez chorobę, rozczarowanie, albo ignorancję.

W dążeniu do odbudowania swojego życia trzeba będzie określić, która jego część jest ceniona, którą trzeba odbudować, aby w pełni wznowić swoje życie.

W Stanach Zjednoczonych istnieje program autonomii o nazwie **"Interweave solution"**. Jest to jeden z najlepszych programów autonomicznych na świecie.

Program ten ma na celu poprawę warunków życia obywateli świata poprzez wykorzystanie poprawy ich sytuacji biznesowej, społecznej i rodzinnej.

Jako **Facilitator i Ambasador Sukcesu w Interweave Solution Autonomy Program**, spędziłem ponad cztery kolejne lata, przeprowadzając rundy we francuskojęzycznych krajach Afryki Środkowej (D.R. CONGO, Kongo-Brazzaville, Kamerun), aby pomóc ponad 10.000 uczestników poprawić jakość ich życia przy użyciu techniki ewaluacji opartej na **Kole Życia.**

Ideą było wykonanie tego ćwiczenia na kole życia, które jest niezbędne do określenia, który aspekt życia każdy kandydat musi poprawić, aby być zrównoważonym i czuć się niezależnym.

Jeżeli ty czytasz ten książkę właśnie teraz, po tym jak ty robiłeś pokojowi z twój przeszłością, then ty decydowałeś aktualizować twój umysł, twój stan umysł definiować niektóre wiarę dodawać lub usuwać w twój sposobie robić rzeczom, ostatni krok jest odżywiać twój apetyt teraz. Ale na długo przed ich karmieniem będziesz musiał wykonać to ćwiczenie rozpoznawania swoich potrzeb poprzez **koło życia**.

Ćwiczenie to można wykonać w każdej chwili w życiu, po każdym incydencie w życiu.

Koło Życia pomoże ci zidentyfikować ważne obszary twojego życia, które muszą być pielęgnowane, aby odbudować twoje życie doskonale.

Aby zrobić swoje własne koło życia, będziesz musiał wykonać 4 niezbędne kroki:

Po pierwsze, określ co najmniej 8 obszarów, które są ważne w twoim życiu, mogą to być **sport, duchowość, życie w parze, dzieci, rozrywka, życie zawodowe**, itp.

Po drugie, kropki na każdym sektorze 1, 2, 3, 4 do 10.

Po trzecie, uczciwie ocenić siebie w tej skali od 1 do 10.

W celu określenia wyglądu koła poprzez wiązanie punktów uzyskanych dla każdego sektora.

Koło życia. Po wykonaniu pierwszych 4 kroków, przejdziesz do analizy swojego wyniku. Analiza pozwoli Ci zobaczyć, że Twoje koło nie jest owalne, jak wskazuje niebieska linia na rysunku powyżej. Posiadając inny kształt niż owalne, to koło nie pozwoli ci się prawidłowo toczyć, tzn. istnieją pewne aspekty twojego życia, które będą musiały być poprawione, abyś miał zrównoważone życie.

Ostatnim krokiem jest określenie w końcu, jakie działania należy podjąć, aby odbudować swoje życie. Aby to zrobić, należy opracować plan działania, który będzie odpowiadał na te cztery pytania:

Jakie rzeczy muszę poprawić?
Jakie rzeczy muszę przestać?
Jakie rzeczy powinienem traktować priorytetowo?
Jakie rzeczy mogę delegować?

Każda osoba ma inne koło, w zależności od okoliczności, sytuacji osobistej i zdarzeń, które przydarzyły się jej w podróży życiowej. Interesujące byłoby bardzo regularne analizowanie koła życia osobistego.

Ale niezależnie od kształtu jego koła, zdamy sobie sprawę, że aby poczuć całego człowieka, musimy nakarmić głód apetytów tych czterech bytów uciekających w każdym z nas: **ciała, umysłu, duszy i serca**.

Każdy sektor wymieniony w kole jest bezpośrednio związany z danym podmiotem.

Filozof William George Jordan zidentyfikował cztery wielkie głodne życia osoby:

"Głód **ciała, głód umysłu, głód serca i głód duszy**.
Wszystkie one są prawdziwe; wszystkie muszą być rozpoznane, wszystkie muszą być pielęgnowane. »

Ciało jest odżywiane zdrową żywnością, a aby ją otrzymać trzeba pracować i mieć dochód.

Umysł jest odżywiany przez edukację, nauczanie, akumulację wiedzy.
Serce jest karmione uczuciem miłości, pokoju i radości.

Aby **dusza była odżywiana przez dążenie do duchowości**.

Zatrudnienie, edukacja, miłość, duchowość to rzeczy, które odżywiają człowieka w całości.

1. KARMIENIE GLOD CIALA

W procesie odbudowy życia, kiedy musimy teraz nakarmić nasz apetyt, pierwszym aspektem, który musi być odżywiany, jest ciało.

Kiedy apetyty ciała są dobrze odżywione, wszystkie pozostałości aspektów są wzmocnione, człowiek czuje się spełniony i ponownie ma siłę, aby wziąć swoje życie w ręce.

Zdrowe jedzenie jest istotną częścią życia każdego człowieka.

W procesie odbudowy twojego życia musisz postawić sobie za cel, że zapotrzebowanie na żywność nie jest już twoją główną troską.

Ciało jest dla umysłu, co pojazd jest dla pasażera.

Ciało mieści w sobie umysł i wszystkie inne niezbędne zdolności, które sprawiają, że człowiek jest nazywany człowiekiem.

"Święty duch w świętym ciele", mówią.

Kiedy piszę ten rozdział, należy powiedzieć, że głód nie jest już tak naprawdę problemem dla mieszkańców dużej części Europy i Ameryki Północnej, ale ze sprawozdania Światowego Programu Żywnościowego i Światowej Organizacji Zdrowia wynika, że w 2019 roku ponad 820 milionów ludzi, czyli jedna na dziewięć osób na świecie, będzie cierpieć głód.

Głód pogłębia się w wielu krajach, w których wzrost gospodarczy jest opóźniony, szczególnie w krajach o średnich dochodach i w krajach silnie uzależnionych od międzynarodowego handlu towarami.

Z rocznego sprawozdania agencji ONZ wynika również, że w wielu krajach, w których rośnie głód, pogłębiają się nierówności w dochodach, co jeszcze bardziej utrudnia ubogim, słabszym lub zmarginalizowanym radzenie sobie ze spowolnieniem gospodarczym i kryzysami.

Walka z głodem to sprawa wszystkich. Ta walka jest przede wszystkim indywidualna, potem rodzinna i zbiorowa.

Jestem zachwycony swoim życiem, doświadczyłem głodu w niespokojnym czasie w moim kraju, DR Konga. To doświadczenie pomogło mi docenić znaczenie jedzenia dla życia i dla ciała. Nauczyłam się wpoić moim dzieciom, że kiedy jedzą, muszą pamiętać, że w odległym zakątku Afryki lub Ameryki Południowej jest wiele dzieci w ich wieku, które głodują i nie mają nic do jedzenia przez kilka dni.

Byłem w Kinszasie w okresie po wielkich grabieżach w latach 1991-1992, nie mieliśmy praktycznie nic do jedzenia w domu. Wszystko zostało splądrowane w mieście. Wobec braku węgla, gazu czy pieców elektrycznych, moja rodzina wykorzystywała drewno z naszych łóżek, którego używaliśmy jako węgiel, do przygotowania tego, co było nam potrzebne do jedzenia.

Ze względu na brak kukurydzy, manioku, naszego podstawowego pożywienia, uciekaliśmy się do mieszanej mąki jako podstawowego pożywienia dla wieprzowiny. Mieliśmy rodzinę tuż za naszym domem, gdzie byli sąsiedzi, którzy hodowali świnie, na szczęście mieli jeszcze trochę zapasów, które mieli w magazynie.

Ta sama sytuacja powtórzyła się w latach 1997-1998, kiedy to AFDL prowadziła tzw. wojnę wyzwoleńczą, aby obalić dyktatora Mobutu, który rządził przez 32 lata.
Widziałem, jak moja kochająca matka walczyła o to, żebyśmy ją nakarmili. Musieliśmy użyć tych mąk wieprzowych, które jedliśmy bez mięsa i ryb na boku. Na szczęście mieliśmy na działce małe pole słodkich liści ziemniaka, ale nie wytrzymało ono dwa tygodnie. W przepisie na słodki liść ziemniaka cebula zajęła miejsce mięsa w tym daniu. Spędziliśmy ponad 2 miesiące bez jedzenia mięsa i ryb, ponieważ wszystkie chłodnie zostały splądrowane, a w mieście brakowało świeżego jedzenia.

Czasami musieliśmy jeść z półki, żeby zachować jedzenie. Jeśli jemy w poniedziałek, we wtorek podajemy tylko wodę, aby w środę zjeść jeszcze trochę tej świńskiej mąki. Byliśmy wówczas rodziną składającą się z 6 dzieci.

Dobrze pamiętam ten czas głodu w naszej rodzinie. Moi rodzice obawiali się, że worek z wieprzowiną zabrany od sąsiadów skończy się bez jedzenia, gdy miasto będzie jeszcze oblężone, a my nie znamy wyniku wojny.

Od tego momentu, jako dziecko podjęłam decyzję, że bez względu na sytuację, zrobię wszystko, co w mojej mocy, aby nigdy więcej nie przegapić jedzenia dla siebie i mojej przyszłej rodziny.

W hierarchii ustalonej przez **Abrahama Maslowa** określono pięć poziomów ludzkich potrzeb. Pierwszy poziom ludzkich potrzeb jest przede wszystkim **fizjologiczny**. Tak więc, jedzenie jest częścią tych fizjologicznych potrzeb.

Człowiek musi najpierw zapracować na swoje bezpieczeństwo żywnościowe i odzieżowe, zanim zacznie się martwić o inne rzeczy.

Kiedy dotyka nas jakiś problem, zmartwienie, niefortunne wydarzenie, mamy tendencję do pozbawiania się pożywienia dla naszego ciała.

Jeśli znajdziesz się w sytuacji zagrożenia, martwisz się o problem, który zjada na ciebie, rozwiązanie nie polega na pozbawianiu się jedzenia.

Im bardziej pozbawiamy się pożywienia, tym bardziej narażamy się na choroby, tym krótsza jest nasza średnia długość życia.

Głód ciała to nasza najbardziej świadoma biologiczna potrzeba.

Trudno jest być silnym psychicznie, duchowo, gdy ma się niedobór czasu.

Ciężko jest czuć się komfortowo, kiedy twój brzuch płacze. Nie możemy troszczyć się bardziej o nasz umysł niż o nasze ciało.

Nie zamierzam zajmować się kwestiami związanymi z odżywianiem, ale raczej tym, jak zagwarantować żywność.

Tylko praca, zawód, któremu towarzyszy dochód, pomaga każdemu z nas nakarmić głód naszego ciała.

Walka z głodem to sprawa wszystkich. Ta walka jest przede wszystkim indywidualna, potem rodzinna i zbiorowa.

Każdy człowiek jest proszony o walkę z ubóstwem, aby nie stać się ofiarą głodu.

ZATRUDNIENIE GWARANTUJE WYŻYWIENIE.

Zatrudnienie ma dla człowieka ogromne znaczenie. Docenia, nadaje godność, zdobywa szacunek innych i podnosi samoocenę.

Kiedy znalazłem się w Anglii, szukając azylu, poczułem swoją godność na miejscu, wielki brak szacunku dla samego siebie, ponieważ musiałem żyć z pomocą państwa, wspólnoty i Kościoła. Nie mogłem kupić czegoś dla siebie, bo miałem ograniczenia w pracy.

Przepisy imigracyjne nie zezwalały osobom ubiegającym się o azyl na pracę. Miałem do czynienia z 37,70 funtów tygodniowo od rządu. Żyłem w ten sposób przez ponad trzy lata.

Z tą pomocą państwa trudno jest socjalizować się, wychodzić i poznawać innych, a w końcu integrować się z krajem przyjmującym.

Po raz pierwszy w życiu znalazłem się w sytuacji, w której byłem bezrobotny i tak upokorzony.

Wiedziałem, że to minie, to była chwilowa sytuacja, ale jednocześnie myślałem o tysiącach bezrobotnych na świecie, o ich sytuacji, ich urazach, ich napiętnowaniu, ich odrzuceniu w społeczeństwie.

Ta sytuacja przypomniała mi refleksję amerykańskiego proroka, **Gordona B. Hinckley**, który mówi o stanie umysłu bezrobotnego człowieka:

"Bezrobotny człowiek ma szczególne znaczenie, ponieważ jest
Pozbawiony swojego dziedzictwa, jest testowany jak Hiob, za swoją integralność.
Podczas gdy dni wydłużają się do tygodni i miesięcy, a nawet lat...
Od przeciwności losu rana się pogłębia; i istnieje silna pokusa, aby "przeklinać Boga, a potem" aby "przeklinać świat".
"Umrzeć".
Zależność ekonomiczna nadal rujnuje. Upokarza go to, że jest silny, niszczy go
Jeśli jest słaby. Wrażliwy lub niewrażliwy, zniechęcony lub obojętny, zbuntowany lub zrezygnowany, jakkolwiek grozi mu duchowa ruina; bo zasiłek dla bezrobotnych jest złem i bezczynnością przekleństwem. Natychmiast staje się zalążkiem niezadowolenia, złego myślenia i dziwnych przekonań..."
(Gordon B. Hinckley, Helping Others Take Charge, 4)

Kiedy znajdziesz się bez pracy, nie możesz zaspokoić wszystkich fizjologicznych potrzeb opisanych przez Maslow, którymi są gaz, woda, elektryczność, jedzenie, odzież, wynajem.

Zagrożona jest **integralność osobista, niezadowolenie, urazy, złe myśli stają się codziennością.**

Kiedy nie jesteśmy w stanie zadbać o siebie, kiedy nie jesteśmy w stanie nakarmić swojego głodu ciała, łatwo zostaniemy porwani przez ulotne wierzenia.

Czasami, z pewnych bardzo szczególnych powodów, cieszymy się, że możemy żyć z zasiłków dla bezrobotnych i innych świadczeń socjalnych. Ale ciągłe życie w tym systemie może zrujnować człowieka i sprawić, że straci on swoją godność.

Nie ma żadnej godności w życiu wolnym.

Najlepsze systemy świadczeń to takie, które są udzielane na krótki okres czasu, a jednocześnie towarzyszą beneficjentom w odzyskaniu godności poprzez samowystarczalność poprzez szkolenie lub coaching w celu uzyskania godnej pracy.

Czy to dla osób otrzymujących zasiłki, czy też dla tych, którzy przywiązują większą wagę do duchowości i religii, zaniedbując jednocześnie swoją doczesną autonomię, ważne jest, aby ponownie przeczytać tę refleksję cytowaną powyżej przez Gordona B Hinckleya.

Odbudowa jego życia wymaga decyzji o przejęciu kontroli nad sobą. Większość problemów pojawia się, gdy nie jesteśmy autonomiczni. Uzależnienie, niezależnie od jego formy, nie honoruje człowieka.

Jeśli jesteś w związku, brak szacunku może ustawić się w, stopień złożoności może pojawić się, harmonia może być złamana.

Przez długi czas religia utrwalała przekonanie, że człowiek jest karany i przeklinany do pracy w celu zjedzenia i splugawienia go od czoła.

Kiedy ta myśl ucieknie człowiekowi, może on uznać pracę za obowiązek, podczas gdy praca jest błogosławieństwem, okazją do wzrostu, nauki, wznoszenia się, rozkwitania.

Znajdź pracę, stwórz pracę, zajmij się tym, aby nakarmić głód w swoim ciele.

Honorowe dzieło.

Nie ma stałej listy, która określałaby, co jest uznawane za pracę honorową. Praca, która odpowiada nam pod względem zdolności, zainteresowania, możliwości i umiejętności, jest pracą honorową.

Honorowa i pełna wyzwań praca wykonywana jest z pasją.

Śledziłem kogoś, kto opowiadał tę popularną historię na konferencji.

Ta historia pokazuje, o co tak naprawdę chodzi w honorowej pracy:

W jednej klasie było kilku uczniów, którzy zostali zebrani razem. Gdy byli w przerwie, zaczęli ze sobą rozmawiać.

Jeden z nich poruszył temat waleczności ojca w jego pracy i powiedział: "Mój ojciec jest ***krawcem****, jeśli nie wykonałby tej pracy, żaden z twoich ojców nie wyszedłby "ubrany".*

Drugie dziecko odpowiada po kolei:
"Mój ojciec jest ***taksówkarzem****, bez niego, nawet gdyby twoi rodzice przebrali się na wynos, nie zaszliby daleko, gdyby nie wzięli taksówki mojego ojca".*

Drugi krzyczy na końcu i mówi:

"Mój ojciec jest ważniejszy od was wszystkich, bo jest ***lekarzem****. Niedaleko, wszyscy twoi rodzice umarli na chorobę."*

I tak, nieśmiałe dziecko w rogu odpowiedziało:

"Mój ojciec jest najważniejszy ze wszystkich, bo jest ***nauczycielem****. Bez niego, żaden z twoich rodziców nie wiedziałby jak czytać i pisać.*

Kto ma rację co do nich wszystkich?

Odpowiedź jest prosta: Są w porządku.

Honorowa praca to coś więcej niż tylko źródło dochodu. To daje przyjemność, robi się to z radością.

W tych dyskusjach z małymi dziećmi dobrze widzimy, że honorowa praca to każda usługa lub produkt, który jest użyteczny dla społeczeństwa. To czyni środowisko lepszym. Dzięki swojemu wkładowi czyni świat lepszym miejscem.

Oczywiście, że honorowe stanowisko musi dawać człowiekowi wynagrodzenie, które pozwoli mu dbać o siebie, dawać lepsze życie jego ludziom.

Tylko honorowa praca może nakarmić głód ciała!

W dążeniu do odbudowy swojego życia, znaleźć pracę, lub stworzyć własną pracę, która zagwarantuje ci jedzenie.

.

2. Karmienie głodem Ducha.

"**Uzbroić się w naukę po zęby!** »
SHEIKH ANTA DIOP.

Głód ducha to pragnienie intelektualnego odżywiania, instruktażu, edukacji i rozwoju osobistego.

Jak powiedział Richards L. Evans, *nie byłoby lepszego czasu niż teraz, aby zdecydować się na naukę, do zrobienia, do rozwoju, do pracy, do poprawy, do produkcji, do zwiększenia naszych umiejętności, do rozszerzenia usług. Nic nie pochodzi z niczego. Nic nigdy nie mogło pochodzić z niczego!* »
Richards L. Evans. (Człowiek i komunikat, s. 101-102)

Nauka jest procesem trwającym całe życie.
Kiedy mamy czas, musimy zawsze wrócić do jego wiedzy, tych umiejętności.

Umiejętności, które były niezbędne i nieodzowne w przeszłości, niektóre nie są już niezbędne i nieodzowne dziś.

Aby głęboko się odbudować, ważne byłoby zaktualizowanie siebie, przeprowadzenie szkoleń, na które jest zapotrzebowanie na obecnym rynku pracy.

Najciemniejszy dzień w życiu to taki, w którym czekamy na coś na nic.

Ważne jest, aby mieć plan żywienia umysłu na co dzień. Ta prosta 5-stopniowa metoda pomogła mi odnaleźć moją osobistą legendę i codziennie odżywiać mojego ducha:

1. **Znalezienie modelu do** naśladowania. To może być w każdej dziedzinie życia. Kim chcesz zostać w życiu? Na to pytanie należy odpowiedzieć na jak najwcześniejszym etapie życia.

2. **Znajdź bliskiego mentora, który odniósł sukces w tym** samym obszarze, z którym można zadawać pytania. Dzisiejszy świat jest otwarty na media, jeśli wiesz jak podejść do ludzi, możesz mieć trenerów, mentorów, którzy mieszkają tysiące mil stąd i mogą odżywiać Twojego ducha.

3. Weź udział w **pożarniczych kącikach**, targach i konferencjach, które mówią o pracy, którą chciałbyś wykonywać.

4. **Odwiedzaj uniwersytety**, ośrodki szkoleniowe i szkoły, do których planujesz uczęszczać.
5. **Nie puszczaj żadnej okazji do** nauki. Nigdy nie przestajesz się uczyć.

3. Karmienie apetytem serca

"Pilnuj swojego serca bardziej niż czegokolwiek innego.
"Bo od niego pochodzą źródła życia".
Przysłowie 4:23

Jeśli tak jest, to jedną z najważniejszych rzeczy, które możemy zrobić w tym życiu, jest dokładne zbadanie naszego serca.

Serce jest czułe. Jest on wrażliwy na wiele wpływów, zarówno korzystnych jak i szkodliwych. Może być zraniony przez ludzi. Może być zdrętwiały z powodu grzechu. Może być zmiękczona przez miłość.

We wczesnym okresie życia uczymy się chronić nasze serce. Wznosimy się jak ogrodzenie wokół naszego serca, z drzwiami. Nikt nie może przejść przez bramę, jeśli na to nie pozwolimy.

Inne serca zostały tak zranione lub zdrętwiałe przez blizny z przeszłości, że są otoczone metalowym płotem o długości prawie trzech metrów, zwieńczonym ostrym jak brzytwa drutem kolczastym. Brama jest zamknięta i ma duży znak "No Passage".

Ten rodzaj serca przysięga nie kochać, nie przebaczać, nie okazywać uczuć dla nikogo innego.

Jeśli chcesz, aby twoja odbudowa życia była kompletna, rozważ odbudowę stanu swojego serca.

Serce musi być wysłuchane, a następnie nakarmione. Tak więc pełny mechanizm odbudowy serca będzie polegał na słuchaniu i odżywianiu serca.

Posłuchajcie jego serca.

Nauka kwantowa nie zna przeszłości, teraźniejszości ani przyszłości.

Ta nauka mówi że serce zna przyszłość, ty możesz podążać twój serce który pyta ciebie robić coś który wydaje się robić żadny sens w teraźniejszości, ale jeżeli ty jesteś sprawnie podążać twój serce, robić prawą rzecz w teraźniejszości, w przyszłości, patrzeć z powrotem ty zobaczysz jak ja jest planem, twój planem w rzeczywistości.

Stwierdza się również, że każda osoba ma swój osobisty kompas wewnętrzny. Ten kompas znajduje się w naszym sercu, zawiera nasz system przekonań, który wszyscy posiadamy od urodzenia.

Ten kompas, który znajduje się w naszym sercu, to wszystko, w co wierzymy, wszystko, w co nie wierzymy, więc jak tylko utkniemy w życiu, to wewnętrzny kompas, nasze przekonania pomogą nam rozwiązać tę blokadę.

Ważne jest, aby zawsze słuchać swojego serca.

Jednak największe cierpienie ludzi pochodzi z miejsca, w którym wkładamy nasze serca.

Ten słynny fragment Biblii przypomina nam w tych słowach:

"Bo gdzie jest skarb twój, tam będzie serce twoje" Mateusza 6:21.

Wystarczy dobrze przeprowadzić introspekcję, zdamy sobie sprawę, że większa część naszego szczęścia, naszego nieszczęścia zależy od tego, gdzie mogliśmy umieścić nasze serce.

Serce może być umieszczone na przedmiocie, osobie, firmie, projekcie, związku, itp...

Na szczęście, jeśli twoje serce zostanie włożone w kwitnący biznes, zawsze będziesz radosny, jeśli twoje serce zostanie włożone w kobietę, wiernego mężczyznę, potulnego, pełnego szacunku i grzecznego dziecka, twoje serce będzie miało mniej zmartwień i obaw.

Tak jak nieszczęście przychodzi w większości przypadków, gdy serce kładzie się na rzeczach nietrwałych, rzeczach, które mogą ulec inflacji, lub takich, które trwają tylko przez pewien czas, jak sukces, pieniądze, pojazdy.

W relacjach międzyludzkich czujemy się bardzo nieszczęśliwi, gdy kładziemy serce na beztroskiej, nieostrożnej osobie, stąd wyrażenie "osoba bez serca".

Kiedyś jeździłem transportem publicznym, a obok mnie siedział stary człowiek. Był bardzo dobrze ubrany. Od pierwszego wrażenia można powiedzieć, że nie miał żadnych zmartwień, bo widocznie był w dobrym zdrowiu.

Ale im dalej jechał autobus, tym bardziej go obserwowałem i zdawałem sobie sprawę, że mówi do siebie, monologował. Kiedy zorientował się, że go obserwuję, zaczął się do mnie zwracać bezpośrednio. Powiedział, młody człowieku, nie wiem, czy jesteś w związku, czy mieszkasz sam. Ale chcę wam tylko powiedzieć, że w waszym życiu nie należy wkładać serca w kogoś, kto bierze waszą miłość za słabość. Ona zacznie tobą manipulować, bo zrozumie, że jest twoim skarbem. Jeśli jesteś w tej sytuacji, zostaw ją jak najszybciej, a jeśli nie, to nigdy nie życzę sobie, aby ci się to przytrafiło.

Gdy jego rada się skończy, od razu przyjeżdża następna stacja, a staruszek zjeżdża bez mojej szansy, by podziękować mu za wspaniałe rady.

Dlatego ważne jest, aby zachować swoje serce. Nie umieszczać go na żadnym przedmiocie, tylko na każdej osobie.

Aby dać z siebie to, co najlepsze, czy to w sporcie, czy w związku, na polu studiów, czy też zawodowo, trzeba to zrobić z sercem, aby osiągnąć sukces.

Ludzie, którzy kochają swoim sercem, którzy angażują się we wszystko, co robią swoim sercem, nie są wcale ludźmi słabymi, ale raczej ludźmi, którzy byli w stanie dobrze odżywiać swoje serce, po prostu mają serce w dobrym stanie, często im się to udaje, mimo że mogą cierpieć z powodu przedmiotu ich serca.

Nakarm jego serce.

Głód serca jest wtedy, gdy czujemy się samotni, gdy mamy niską samoocenę, gdy nie doceniamy samych siebie.

Dość łatwo zauważyć, że kiedy ktoś jest źle zrozumiany w komunikacji, pośród nieporozumień, szok przychodzi bezpośrednio do serca.

Kiedy człowiek zaczyna błagać o braterstwo, współczucie i uznanie, którego brakuje mu w sercu, czuje głód w sercu.

Czasami w takich sytuacjach ważniejsze jest raczej narzucenie szacunku niż błaganie o miłość.

Stwierdzamy jednak, że gdy staramy się zaspokoić głód serca naszego bliźniego, zmniejszamy swój własny.

Inne serca zostały tak zranione lub zdrętwiałe przez złe wspomnienia z przeszłości, zdrętwiałe przez wyrzuty sumienia, że są otoczone metalowym płotem o długości prawie trzech metrów, zwieńczonym ostrym jak brzytwa drutem kolczastym. Brama jest zamknięta i ma duży znak "No Passage".

Zauważ, że duma jest naturalną konsekwencją włożenia naszego serca w sprawy świata. Duma szybko uczula nasze serce na duchowe wrażenia, na najwyższe doznania.

Powtarzam, stan naszego serca ma bezpośredni wpływ na naszą wrażliwość na rzeczy duchowe. Wybieramy, co wpuścimy, a co nie.

Ta prawda została dobrze sformułowana w książce dla dzieci Saint-Exupéry'ego Le Petit Prince. W tej historii, Mały Książę zaprzyjaźnia się z lisem. Gdy się rozdzielają, lis zdradza tajemnicę Małemu Księciu, a on mówi:

"Oto mój sekret... dobrze widzisz tylko swoim sercem. To, co istotne, jest niewidoczne dla oczu. »

Dziś, w otoczeniu tak wielu informacji, możemy myśleć, że przeglądanie milionów stron internetowych da nam wszystko, co musimy wiedzieć. W "sieci" możemy znaleźć dobre i złe informacje, ale same informacje nie wystarczą. Czasami trzeba zagłębić się głęboko w swoje serce i znaleźć prawdę.

Jak karmisz swoje serce?

Serce jest odżywiane przez promienie słońca.

Słońce oświetla świat. Słońce pozwala na fotosyntezę drzew i kwiatów.

Serce jest karmione pozytywnymi uczuciami, które wkładamy w siebie. To uczucie oświeca nasze życie.

Serce jest karmione miłością.

Hymn zatytułowany: **"You Light the Way and Repent Divine Love" z** muzyki Jamesa M. Dungana (1851-1925), oparty na angielskim tekście Helen Silcott Dunan (ok. 1899), pomaga nam zrozumieć błogosławieństwa serca odżywianego dobrymi uczuciami.

Słowa tego hymnu są:

Ty zapalasz drogę
I szerzyć boską miłość
Dzięki za słońce w twoim sercu.

A noc ustępuje miejsca dniu
Bo zło ucieka bez powrotu,
Jeśli w twoim sercu jest słońce.

[Chorus]
Dzięki za słońce w twoim sercu,
Masz prawo zmienić ciemność w światło.
A ty żyjesz w szczęściu
Jeśli w twoim sercu jest słońce.

2. Przynosisz słodycz
Który trzymał tylko urazę,
Dzięki za słońce w twoim sercu.
Nieważne, jak mały wysiłek
To przyniesie ci skarby,
Jeśli w twoim sercu jest słońce.

[Chorus]

3. A kiedy twój sąsiad cierpi,
Możesz zrobić tak wiele dobrego
Dzięki za słońce w twoim sercu.
Jego ciężar będzie lżejszy,
Bo on będzie miał twoją pomoc,
Jeśli w twoim sercu jest słońce.

[Chorus]

4. W końcu możesz być szczęśliwy
W tym świecie pełnym zazdrosnych ludzi
Dzięki za słońce w twoim sercu.
A twoje serce zawsze będzie
Pełen boskiej miłości,
Jeśli w twoim sercu jest słońce.

Tak więc, widzimy, że serce wypełnione słońcem może rozprzestrzeniać miłość wokoło. Serce, które ma dobre uczucia, może zmienić negatywne sytuacje w pozytywne, wystarczy mieć chętne serce.

Serce, które ma słońce, może przynieść słodycz do tego, co było tylko urazą. Ważne jest, aby zbadać swoje serce, aby zobaczyć, że trzeba wybaczyć, aby odbudować swoje życie. Nie możemy rozpocząć nowego życia bez przebaczenia i wybaczenia sobie. Nowe życie, które chcemy odbudować, musi być życiem bez urazy.

W nowo odbudowanym życiu, kiedy serce karmione jest pozytywnymi uczuciami, łatwo byłoby przyjść z pomocą tym, którzy są wokół nas.

Nie żyjemy w izolacji. Jesteśmy częścią wspólnoty, rodziny, dzielnicy. Musimy podjąć decyzję, aby być lepszym rodzicem, sąsiadem, mężem, dzieckiem. Można tak być tylko mając serce wypełnione słońcem i miłością.

Ważne jest, aby odbudować swoje życie poprzez odżywianie serca nowymi uczuciami, gotowość do przebaczania, służenia, dzielenia się.
Tylko serce pełne słońca i miłości może to zrobić.

Miłość jest największą siłą na świecie.

Arthur Henry King powiedział: "Miłość to nie tylko silne uczucie, nie tylko mocne uczucie. To jest siła napędowa. Utrzymuje nas przez całe nasze życie w radosnym obowiązku" (The abundance of the Heart, Salt Lake City, Bookcraft, 1986, s. 84).

W czystym sercu nie ma miejsca na osobiste osądy i nienawiść, jest ono przepełnione czułością i miłością, nie widzi zła i tylko wtedy, gdy człowiekowi uda się zobaczyć zło w innych, zostanie on uwolniony od smutku i cierpienia.

Oczyść swoje serce, a uczynisz swoje życie bogatym, słodkim i pięknym.

4. KARMIC APETYTEM DUSZY.

"My, żywe istoty, jesteśmy nieskończonymi istotami, ale uwięzionymi w skończonym ciele"...
Thomas z Ansembourga.

Głód duszy jest palącym pragnieniem poznania odwiecznej prawdy. Jest to palące pragnienie ducha, aby komunikować się z Bogiem.

Jest rzeczą naturalną, że wcześniej czy później każdy zadaje sobie pytanie o swoją prawdziwą tożsamość, swoją misję na ziemi, swoją podróż, a także o przyszłość po swojej śmierci.

Będąc stworzeniem Bożym, włożył mały kawałek swojej boskości w każdego z nas. Jesteśmy wezwani, by karmić ten mały kawałek boskości, który w nas działa.

Ludzka struktura jest zbyt mała, tkwiąca w przestrzeni czasu, ale mająca nieskończone pragnienie, miłość, nieskończone piękno, nieskończoną dobroć, nieskończoną czułość.

Musimy dowiedzieć się, jak odżywiać te potrzeby duszy, które są nieskończonymi częściami naszego bytu.

Każdy będzie musiał znaleźć swój własny, niepowtarzalny sposób, który może być realizowany poprzez modlitwę za wierzących lub poprzez taniec, jogę, duchowość, medytację, a nawet zwykłą kontemplację.

Słońce jest dostawcą energii dla wszystkich, czy jesteśmy z królestwa minerałów, królestwa warzyw, królestwa zwierząt czy żywych istot, wszyscy jesteśmy zależni od boskiej energii Słońca, ale każdy z nas łączy się z nim na swój własny sposób.

Więc od każdego zależy, jak uzyskać szybkie połączenie z tego źródła zasilania.

Bezpośrednią konsekwencją, gdy nasze nieskończone części nie są odżywiane, jest depresja. Mamy depresję, czujemy się uduszeni, sfrustrowani; prędzej czy później możemy wyrazić przemoc.

Nic dziwnego, że ludzie, którzy nie dbają o to, by nakarmić swoje nieskończone części, ich dusze stają się brutalne w społeczeństwie.

Podoba mi się ten cytat z **Christiana Singera**, który podkreśla, że w **tym świecie, gdzie wszystko wysycha, jeśli nie chcemy umrzeć z pragnienia, będziemy musieli sami być naszym własnym źródłem".**

Nie chcę zagłębiać się w zbyt wiele szczegółów na ten drażliwy temat duchowości, ani jak odżywiać swoją duszę. Każdy czytelnik będzie musiał znaleźć go sam.

Wystarczy powiedzieć, że jest po prostu więcej niż niezbędne, aby odżywić istotną, boską działkę życia uciekła w nas, aby całkowicie odbudować nasze życie.

Z tym rozdziałem zakończonym, jakie są zasady, które powinniśmy mieć na uwadze:

1. Aby czuć się całością, człowiek musi mieć doskonałą równowagę w tych 4 ważnych aspektach, które go tworzą: **ciało, umysł, dusza, serce.**
2. **Koło** życia **ćwiczenie** pomoże ci zidentyfikować ważne obszary twojego życia, które muszą być pielęgnowane, aby odbudować twoje życie doskonale.
3. Zatrudnienie, edukacja, miłość, duchowość to rzeczy, które odżywiają człowieka w całości.
4. W procesie odbudowy twojego życia musisz postawić sobie za cel, że zapotrzebowanie na żywność nie jest już twoją główną troską.
5. Zatrudnienie ma dla człowieka ogromne znaczenie. Docenia, nadaje godność, zdobywa szacunek innych i podnosi samoocenę.
6. Głód ducha to pragnienie intelektualnego odżywiania, instruktażu, edukacji i rozwoju osobistego.
7. Jeśli chcesz, aby twoja odbudowa życia była kompletna, rozważ od budowę stanu swojego serca. *Serce musi być wysłuchane, a następnie odżywione.*
8. Będąc stworzeniem Bożym, włożył mały kawałek swojej boskości w każdego z nas. Jesteśmy wezwani, by karmić ten mały kawałek boskości, który w nas działa.

9. Każdy będzie musiał znaleźć swój własny, niepowtarzalny sposób, może to być modlitwa za wierzących, lub te części mogą być karmione tańcem, jogą, duchowością, medytacją, a nawet prostą kontemplacją.

Zasoby.

Norman Vincent Peal, **When You Want You Can,** 1990.

Sun Tzu, **The Art of War**, 2008

Timothy Ferriss, **The 4-Hour Work Week**, 2007

Zoie Kaye, **Powiedz "nie" negatywnemu,** 1999 r.

Thomas D'ansembourg, **Przestań być miły, Bądź prawdziwy,** 2001

James Allen, **As man thinketh,** 1903.

MBS Curriculum, Interweave Solution: www.interweavesolutions.org

FSC
www.fsc.org
MIX
Papier | Fördert
gute Waldnutzung
FSC® C083411

Kolibri 360 GmbH
Ferdinand-Jühlke-Straße 7
99095 Erfurt, Deutschland
produktsicherheit@kolibri360.de

Druck:
CPI Druckdienstleistungen GmbH
im Auftrag der
Kolibri 360 GmbH
Ferdinand-Jühlke-Str. 7
99095 Erfurt